POUR UN AUTRE DÉVELOPPEMENT

L'ACTE 3 DE LA DÉCENTRALISATION DANS LA DYNAMIQUE DU CHANGEMENT

El Hadji Madior CISSÉ

POUR UN AUTRE DÉVELOPPEMENT

L'ACTE 3 DE LA DÉCENTRALISATION DANS LA DYNAMIQUE DU CHANGEMENT

Préface d'Imam Cheikh Waly SECK

Sénégal
L'Harmattan

10 VDN, Sicap Amitié 3, Lotissement Cité Police, DAKAR
senharmattan@gmail.com
senlibrairie@gmail.com

ISBN : 978-2-343-25385-5

EAN : 9782343253855

SOMMAIRE

Hommages

À mon épouse, à mes enfants et petits-enfants

Aux « vagabonds » du développement qui ne sont plus de ce monde, ces chevaliers de l'honneur, ces téméraires à la tête desquels feu Ben Mady Cissé…

Ils ont affronté les sentiers sinueux pour l'éveil de la conscience critique du monde rural.

À mes anciens collègues du ministère du Plan et de la Coopération.

Aux témoins encore vivants qui ruminent leur colère parce qu'oubliés à l'heure où l'on se remémore les souvenirs des bâtisseurs qui ont permis au Sénégal d'être aujourd'hui sur la rampe de l'émergence…

Ils attendent d'être inscrits sur les pages glorieuses de l'histoire du développement du Sénégal. Attendront-ils longtemps ?

À mes maîtres, marabouts, et à mes amis.

À mes illustres parents à l'ombre desquels j'ai remémoré le Saint Coran, qui reste, pour moi, un viatique au crépuscule de ma vie présente.

À mon ami Serigne Babacar Sy Mansour, Khalife général des Tidianes, ce chevalier infatigable qui veille avec nous à l'union des cœurs pour une foi inébranlable dans la cité de Sacré-Cœur III et dans la Ouma islamique.

À la communauté de la Djouma Aboubacar Sedikh, lieu de recueillement et de prières chargé de promesses pour ceux qui savent patienter dans la foi, l'amour et le partage.

El Hadji Madior CISSÉ

THÈME CENTRAL

« J'ai engagé l'Acte III de la Décentralisation pour matérialiser ma vision de la territorialisation des politiques publiques (…). Le Sénégal devra porter cette réforme pour une démocratie locale renforcée restituant aux collectivités locales leurs capacités opérationnelles.

C'est pourquoi l'érection des communautés rurales en communes doit dissiper les disparités entre zones urbaines et zones rurales. Le bloc communal sera désormais le premier échelon de développement territorial. La réforme s'inscrit dans le processus des changements qui ont fait le succès des réformes de 1972 et de 1996. »[1]

Le Président Macky SALL

---

[1] Article de presse, journal *L'Observateur*, avril 2013.

PLAIDOYER POUR LES PREMIERS DÉVELOPPEURS

Au lendemain de l'indépendance, les premières promotions de l'École Nationale d'Économie Appliquée, eurent comme mission de parcourir le Sénégal pour vulgariser les options politiques des nouveaux pouvoirs.

Il s'agissait de procéder à l'éveil a conscience critique des paysans au sein des organisations coopératives et des groupements de base.

Missions que ces jeunes cadres devaient accomplir sans moyens adéquats sur des routes difficiles vers des zones enclavées…

La présence de feu Ben Mady CISSE, appelé « L'Apôtre » les galvanisait au sein des centres d'Expansion Rurale et des Coopératives agricoles.

Face à la résistance d'une nouvelle bourgeoisie post-coloniale, entretenue par d'anciens chefs de canton et des dignitaires hostiles à leur démarche, ils ont pu accomplir leur mission et placer le Sénégal aujourd'hui sur la rampe de l'émergence.

Les centres d'Expansion Rurale, devaient vulgariser la réforme de l'Administration Territoriale, la loi sur le Domaine national, les orientations du premier plan de développement et la réforme du Programme Agricole.

Pendant la crise politique de 1962, ces cadres étaient sur le terrain pour accomplir leurs missions au péril de leur vie.

Les paradoxes signalés dans l'ouvrage et qui font l'objet d'un chapitre, continuent à être observés de nos jours, au niveau des options politiques et des pratiques administratives et politiques.

Le concept d'un autre développement part du changement de paradigme. L'acte 3 semble ouvrir la voie grâce à l'option visant la communalisation universelle, l'équité territoriale et à la polarisation du territoire

Le présent ouvrage, réalisé par l'un d'entre eux est un outil de travail destiné aux nouvelles collectivités. Il est la transmission généreuse des fruits d'une expérience vécue à des périodes difficiles dans un pays indépendant sans moyens, face à des obstacles qu'ils devraient aider à surmonter. Les pouvoirs publics leur doivent une grande reconnaissance et leurs noms doivent figurer au PANTHEON des héritiers de la République

Mme Rougeaud Nafissatou Madior Cissé
Professeur à Saint-Etienne - France

Le regard du berger peulh de Pisani

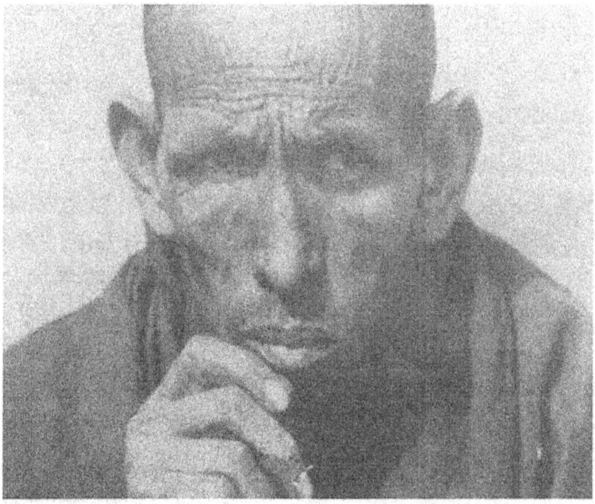

« … c'est un pasteur peulh, habitant le tiers-monde…

Il est pauvre. Ses yeux sont insondables, ses rides puissantes, sa bouche fermée, ses mains sont grandes et belles ; elles ont beaucoup travaillé. Elles tiennent un brin d'herbe. Son dos est voûté, son crâne est nu. Derrière lui le désert, son regard est intense, il est grave, si grave, posé sur moi, attentif à tout ce que je fais, sans un espoir, semble-t-il, et sans un reproche…

… Un regard silencieux posé sur moi-même, pas pour juger, mais pour voir, pour tout voir. Et pour dire, à défaut de l'attente, l'immensité des besoins et le nombre de désespoirs, mais aussi pour dire la responsabilité de tous ceux qui, quelque part dans le monde, peuvent contribuer à faire que le poids des jours devienne plus léger. Et mon ami le Peulh, dans sa houppelande, n'a pas bougé… »

Ce regard perçant et ce silence veulent dire que les choses peuvent changer au profit de ceux qui, aujourd'hui, attendent avec, dans le cœur, le refus de laisser aux autres l'audace de pouvoir leur confisquer ce qui leur reste… Ce qui nous reste sont les richesses rares et inexploitées que renferment nos sols et sous-sols.

Déjà, nos ressources halieutiques sont constamment menacées, nos moyens de les mettre à la disposition des Sénégalais sont très limités.

Demain, si nous ne prenons garde, nos potentialités, terres, mines et autres ressources rares risquent d'être la convoitise des chasseurs de ressources rares. Aujourd'hui, quelque part dans le monde, on cherche à nous humilier par des expressions indignes dans un monde de partage…

Dans les pages qui vont suivre, nous allons tenter de décrire la situation de référence qui n'est que la description de l'évolution des systèmes et concepts mis en œuvre par nos hommes politiques pendant plus de cinq décennies (les succès et les échecs).

À partir de ce constat, nous allons proposer les outils et les concepts d'un autre développement face au choix porté sur la décentralisation. Face aux défis multiples qui se dressent et exigent un autre développement, face au nouveau schéma qui n'est rien que la conséquence des échecs successifs enregistrés, nos pays doivent s'enraciner dans nos valeurs culturelles.

La concentration polycentrique qui doit sous-entendre le développement territorial a besoin de l'adhésion populaire. Elle ne doit pas être un simple slogan politique, mais le point culminant d'où doivent partir les pulsions montantes qui devront constituer les rationalités sans lesquelles aucune croissance n'est possible.

De 1960 à 1972, les disparités constatées entre les régions, avec leurs graves conséquences sociopolitiques, nous ont obligés à nous appuyer sur un nouveau découpage territorial qui ne saurait être celui « jacobin » que nous avons connu jusqu'ici.

La territorialisation des politiques publiques est un choix à la fois politique et économique basé sur un nouveau découpage administratif qu'il convient de repenser dans un espace polarisé équipé et intégré.

Il ne s'agit pas d'un simple constat. Le développement n'est pas seulement une affaire de moyens, c'est un comportement digne, posé en permanence entre le présent et l'avenir, sur un choix délibéré et conscient, en s'appuyant essentiellement sur nous-mêmes, étant conscient que les autres ne feront pas le développement à notre place.

Il faut un autre développement à l'heure où l'Afrique est consciente qu'elle détient les clés des potentialités que cherchent les nations dites industrialisées. Les nations développées et celles dites émergentes cherchent de nouvelles relations basées sur des intérêts. Un autre développement nous impose l'obligation de revoir les programmes scolaires afin d'orienter la formation des élites de demain vers l'exploitation des richesses sur lesquelles l'Afrique est assise.

Un autre développement exige la volonté politique tendant à dépasser les paradoxes que nous allons énumérer et qui constituent des contraintes qui s'opposent à l'évolution de notre système de développement économique et social qui se veut pragmatique, en mettant en première ligne les vrais acteurs de base au sein des structures dont le dynamisme doit sous-tendre les lignes de force de l'émergence.

L'émergence n'est pas seulement un slogan politique, elle n'est pas un stimulant pour orner les discours fumeux et vides, mais une volonté qui mobilise tous les acteurs quelle que soit leur idéologie. Elle porte sur une longue période qui dépasse les vœux de ceux qui l'ont choisie et mobilise déjà les futures générations en formation dans nos écoles.

La présence du pétrole, du gaz et des minerais dans la liste des potentialités doit nous obliger à former nos jeunes cadres à partir des universités de métiers qui joueront un rôle majeur dans l'évolution du Sénégal.

Le Sénégal émergent doit être un espace de partage dans l'équité ville-campagne grâce à une révolution dans laquelle les jeunes urbains iront à l'assaut des campagnes pour mettre leur force et leur savoir au service du changement loin des vagues déferlantes de l'océan qui souvent leur ferment les portes de l'espoir…

Combien sont-ils, dans l'aventure, à vouloir tenter de trouver la solution de leur dénouement et finissent par se confronter malencontreusement au drame de leur vie ?

L'Afrique imposera demain au monde les réalités de ses richesses et l'espoir que ses enfants exploiteront grâce à leur génie, leur audace, dans la vision d'un monde qui bouge.

PRÉFACE

« Et si le Pr Ki-Zerbo vivait ! »

« On ne développe pas, on se développe ! »

C'est sciemment que nous avons choisi quelques réflexions tirées des actes de la rencontre de Bamako de 1989 du Centre de Recherches pour le Développement Endogène (CRDE).

Quand la question fut posée au professeur Ki-Zerbo : « Qu'est-ce que le développement endogène ? Que faire ? Méthodologie et problématique ? », il nous répondit d'abord par la devise du CRDE : « On ne développe pas, on se développe ».

Cette devise exclut tout esprit d'autarcie et d'enfermement sur soi. L'endogène vivant est un concept de lutte, de confrontation et de synthèse, d'autoconstruction à partir de briques d'origines diverses, mais sélectionnées de façon autonome.

Nous ne pouvons compter sur une photocopie pour rattraper quiconque, car il s'agit de deux notions contradictoires. En effet, photocopier, c'est saisir l'instant présent, alors que rattraper, c'est gagner du temps sur celui qui nous devance, non en courant beaucoup plus vite que lui. Mais comment dépasser celui qui court plus vite, sinon en courant autrement ? Par exemple, en sautant, en utilisant des tremplins ou des chemins inédits...

Les pays asiatiques ont presque tous été très clairs sur ce plan dans leurs relations avec l'Afrique. La Chine et le Japon ne cessent de répéter aux Africains : « Voilà comment nous avons procédé. Mais ne cherchez pas à nous imiter ; même si notre expérience peut vous servir ».

Or aujourd'hui encore, des Africains et non-Africains vont en répétant : « Il n'y a qu'à faire comme le Japon. Il faut imiter les Européens, les nouveaux pays industriels, etc. ». Certains s'étonnent que l'Afrique dans des conditions prétendues « semblables », ne réalise pas des performances comparables à celles des pays asiatiques...

Le développement endogène n'est pas une option passéiste, car on ne répète pas le passé ! Mais il vise à hisser notre personnalité au menu du scénario en cours, sans nous résigner à être un parasite des poubelles où tombent les miettes des surplus ou les déchets du développement des autres.

Cette idée est fortement exprimée par le dicton africain suivant : « Dormir sur la natte des autres, c'est comme si on dormait par terre ».

Notre modeste petite natte à nous est le trésor le plus précieux, le capital des capitaux... « Encore faut-il que nous réalisions que cette natte existe. Il est impératif de pratiquer l'ouverture aux autres, mais pas au point d'oublier de nous connaître nous-mêmes : le « yere don » des Bambaras (se connaître soi-même) est le premier pas incontournable du long voyage vers l'autodéveloppement ».

Le développement endogène n'est donc pas un repli autarcique sur soi. Comme tout processus vivant, c'est un système ouvert. Le développement historique a déjà beaucoup donné au monde, mais depuis quelques siècles, notre système tend à devenir entropique…

Le trait fondamental de la situation africaine est la désagrégation par l'absence d'un principe interne et cohérent. Ainsi, tout est dissocié ou mal articulé : le secteur rural et la ville, l'agriculture et l'industrie, la mémoire collective et le temps présent, l'éducation et le corps social, l'économie et la culture, l'État et la société civile, etc.

Une Afrique schizophrène serait structurellement inapte au développement. Le seul fait que 85 % de la recherche sur l'Afrique s'opèrent en dehors de l'Afrique montre que ce continent est déconnecté de lui-même et surtout de sa matière grise. Si nous ne maîtrisons pas la connaissance de nos propres réalités et celles de notre environnement naturel et mondial, nous aurons beau avoir les yeux grands ouverts sur nos écrans de télévision ; ce sont les yeux grands que nous irons vers le précipice. L'Afrique ne changera que le jour où elle cessera d'être une vaste mine à ciel ouvert pour y puiser des produits bruts dont on apprend ailleurs de plus en plus à se passer. Il faut bâtir un système complexe doté de sa propre cohérence interne à haute valeur ajoutée. Il faut établir les bases d'un autre développement…

Tout cela requiert impérativement une recherche endogène. Jusqu'ici, la recherche sur l'Afrique a quasiment réduit le continent au rôle de fournisseur de matériaux pour l'avancée de la science qui s'opère ailleurs. Cette recherche extérieure ou extravertie contribue à étouffer, par omission, la recherche africaine et débouche trop souvent chez nombre d'Africains sur la voix des imitations infantiles.

L'on a crié sur tous les toits que « l'Afrique est mal partie », qu'elle est en panne. L'Afrique n'est pas en panne parce que dénuée des moteurs dont on s'est gardé de la doter (réforme du monde rural, industrialisation, science et technique, éducation et culture appropriées). Elle a été structurellement bloquée sur le parking du monde dit moderne. L'Afrique n'est pas en panne, elle est garée, garrotée…

Mais l'Afrique n'est pas en panne parce que la crise actuelle qui l'accable paralyse le secteur moderne, c'est le secteur populaire non structuré, bref, le plus endogène, qui a manifesté un dynamisme remarquable non seulement pour survivre, mais pour s'autostructurer et contribuer aux options alternatives pour l'Afrique.

Oui, nous devons opter pour un territoire homogène, équilibré grâce aux pôles, dans le concept de ce que nous appelons la polycentricité, c'est-à-dire des pôles unis entre eux par des routes et autoroutes capables de générer une synergie pour un autre développement sur un territoire homogène ouvert aux changements durables et porteurs de progrès sur la voie de l'intégration africaine.[2]

Imam Cheikh Waly SECK
Économiste-planificateur

[2] *La natte des autres*, éditions Kartala, 1989

Introduction

En décidant d'entreprendre le présent ouvrage, nous étions sûr que le premier[3] avait besoin d'un complément qui devait répondre aux interrogations sur le concept de développement tel que nous l'avions abordé en analysant les différentes réformes et programmes que le Sénégal a connus depuis l'indépendance.

Les paradigmes qui sous-tendaient les politiques et qui étaient de véritables stimulants ont été quasiment abandonnés et quelquefois royalement ignorés.

Les instruments de base, dont l'une des survivances reste le Comité Régional de Développement, aujourd'hui dévoyé, de même que les centres d'expansion, sont tombés dans les vicissitudes de l'histoire parce qu'inefficaces pour répondre, comme jadis, aux attentes du monde rural.

Les coopératives qui avaient pour objectif, conformément à la circulaire n° 032/60[4], de remplacer les sociétés régionales de développement sont également dévoyées. On a constaté que malgré les différentes réformes réalisées à l'insu

---

[3] Madior Cissé, *Des théories réformistes à la planification régionale (Les chemins difficiles du développement*, 2004, PUD.

[4] Circulaire du Pr Dia en 1962.

des vrais acteurs de base, le statut des régions ne préoccupait pas les observateurs qui, sur le terrain, étaient quotidiennement confrontés aux réalités du développement. Les paradoxes que nous avions signalés dans notre précédent ouvrage demeurent. Si la région est devenue une personne morale de droit public, elle est depuis lors, confrontée à un blocage dans son évolution et dans ses structures. Les réalisations des équipements urbains tels que les grandes passerelles, les ponts, les autoroutes, l'éclairage public, le grand théâtre, etc., constituent le lot qui permet aux Sénégalais des villes de s'épanouir et aux ruraux de s'approcher du monde urbain par l'exode, causant ainsi un déséquilibre dans l'évolution économique et sociale du Sénégal.

Certes, l'homme a besoin de se nourrir, de se soigner, de se vêtir, de se cultiver, d'aspirer comme nous le disions dans notre jargon « au plus Être et au plus Avoir ». Les approches doivent changer face aux réalités d'un monde qui, chaque jour, nous impose des données qui ne peuvent plus s'adapter aux anciens schémas.

L'égoïsme entêté des peuples riches et puissants face à des peuples démunis, assis sur des richesses rares, devrait créer ce que nous appelons l'inversion des tendances. C'est le temps où les nations du Nord, avides de terres, se bousculent au niveau de nos terroirs…

Notre intention est de contribuer à la recherche des voies et moyens pour rendre efficaces nos institutions dans une volonté politique de mise en place d'un schéma réaliste pour une gouvernance de développement durable.

Depuis 1960, les réformes réalisées n'ont pas pu transcender les paradoxes qui n'ont cessé d'être des tendances lourdes qui empêchent l'efficacité dans la démarche d'un développement participatif et autocentré, tirant ses réalités depuis le terroir ou quartier et mobilisant toutes les énergies. L'Acte III de la Décentralisation ne doit pas seulement être un slogan politique, mais une stratégie globale, mobilisatrice pour tout un peuple… Il doit être un acte de synthèse qui permet de corriger les failles constatées et qui risquent d'être des contraintes pour l'évolution des institutions. Ne copions pas des schémas désuets, mais créons nos propres schémas à partir de nos réalités.

La demande constante des amis développeurs nous oblige à réaliser ce modeste ouvrage qui va, nous le souhaitons, compléter le premier paru en 2004 et intitulé ***Des théories réformistes à la planification régionale*** *(les chemins difficiles du développement)*.

Nous n'avons pas la prétention de proposer une panacée aux maux constatés et qui constituent un ensemble de contraintes face aux volontés politiques exprimées ou non pour créer une voie idéale vers un développement local participatif et durable. Les défis qui se dressent sont insondables, liés à la fiscalité, à la fonction publique locale, aux orientations que doivent prendre les collectivités décentralisées dans leurs rapports avec les services publics déconcentrés.

Il faut changer de méthodes et préparer des actes nouveaux, des outils qui ne peuvent être efficaces qu'une fois appropriés par les acteurs que nous sommes sans obédience politique. L'option pour l'émergence a besoin de la participation de tous les acteurs politiques et de ceux de la société civile dans une démarche inclusive et porteuse d'espoir pour le Sénégal.

Par le présent ouvrage, nous voulons aider les collectivités décentralisées à disposer d'un outil de référence pour la réalisation de leurs projets, programmes et plans, et dégager « des stratégies adaptables pour transcender les contraintes qui, très souvent, limitent leur liberté de choix dans les prises de décisions ».

L'Acte III et le Plan Sénégalais pour l'Émergence doivent être la base d'un dialogue inclusif tendant à replacer le Sénégal sur la voie d'un autre développement. Le développement n'est pas un jeu, c'est l'expression d'une volonté de dépassement, de changement entre les acteurs, en tenant compte de leur idéologie, dans une démocratie réelle.

Un autre développement exige la présence de collectivités territoriales où les maires et présidents de Conseil départemental cesseront d'inaugurer des chrysanthèmes pour être de vrais ordonnateurs de leur budget. Les gouverneurs seront des chefs de circonscriptions administratives au sein desquelles ils exercent le contrôle de la légalité des actes sans freiner la marche normale des structures déconcentrées et leurs rapports avec celles décentralisées.

Nous avons planifié pendant plus de cinquante ans. Nous nous sommes essoufflés face aux disparités régionales et leurs aspects néfastes au développement. Le Sénégal doit être outillé et informé face à l'évolution des cercles concentriques, s'adapter dans un ensemble cohérent avec l'Afrique.

Face à la dichotomie monde rural et monde urbain, face à l'éveil de la conscience critique des acteurs, il faut une synergie de partage et non de confiscation de nos terres, biens précieux que nous devons utiliser pour produire des richesses que nous devons partager et échanger avec le reste du monde.

La notion de « rurbanisation », slogan nouveau tendant à inciter l'exode des urbains vers le monde rural, est le contrepoids du phénomène que nous vivons (« l'exode rural »). Les jeunes des villes doivent, face à la saturation de l'espace urbain, aller vers les campagnes de l'intérieur pour travailler dans les fermes agricoles.

Nous verrons les causes de la macrocéphalie à Dakar et nous proposerons des solutions par l'inversion des tendances afin d'atténuer les disparités constatées entre la capitale et le reste du pays.

Le retour à l'agriculture ne permet pas seulement de rendre abondante la nourriture, il permet aussi l'utilisation de la grande armée de jeunes actifs vivants aux abords des villes, sans occupation précise, et qui constituent un gaspillage énorme dans l'économie nationale. Les bataillons du génie de l'armée nationale pourraient être mis à contribution pour l'encadrement de cette jeunesse pour la réalisation des ouvrages hydro-agricoles dans les vallées et les bas-fonds de la Casamance, du Sine et de la vallée du Fleuve.

Nous exprimerons notre position par rapport à la division administrative du Sénégal et consoliderons notre point de vue pour la nécessité de la mise en place de pôles et métropoles économiques à partir des régions naturelles du pays. Le développement accéléré ne pourra se faire que par l'installation des pôles polycentriques liés entre eux pour une dynamique d'échanges et de travail permanents.

Le Plan Sénégalais pour l'Émergence (PSE) ne saurait être considéré comme une nouveauté. En 1959-1960, quand le gouvernement a lancé le développement à travers le premier plan quadriennal portant sur une période de vingt ans, nous avions, à l'époque, vécu l'engouement des retrouvailles et leur ambiance passagère. Évitons que cette ambiance ne se reproduise à l'heure où le pragmatisme doit dominer dans les visions.

Le Plan Sénégalais pour l'Émergence ne doit pas être une propriété des pouvoirs en place, mais une vision qui prend en charge l'ensemble des visions pragmatiques du Sénégal dans l'optique d'une concertation permanente.

Ces structures ont besoin d'être dotées de moyens humains et matériels efficaces pour combiner leurs programmes dans les plans départementaux et polaires de développement intégré. Les plans triennaux d'investissements publics, décentralisés au niveau des nouveaux pôles, seront les moteurs des politiques grâce auxquels les projets publics et privés pourraient se réaliser sans difficulté.

Nous sommes à l'heure où le Sénégal a besoin d'idées, de moyens pour raffermir ses visions dans un monde de partage et de coopération pour transcender les contraintes du sous-développement. Une nouvelle vision du développement doit ouvrir le chemin qui doit aider à mettre fin aux paradoxes constatés et qui, pendant longtemps, sont devenus des contraintes qui ne cessent d'empêcher les libertés de choix des décideurs.

Un autre développement s'inscrit en droite ligne dans l'endogène vivant, c'est-à-dire le fond des actions présentes dont les racines de base sont enfouies dans les pratiques ancestrales que nous semblons récuser.

L'endogène vivant est un concept de lutte, de confrontation et de système d'autoconstruction à partir des briques d'origines diverses, mais sélectionnées de façon autonome.

Combien de fois entendons-nous, dans les discours politiques, les termes « financement acquis », « partenaire connu » ? Si nous donnons la priorité aux moyens, comme nous en sommes démunis, nous sommes condamnés à l'extraversion. Le développement n'équivaut pas à la chasse aux financements. Les milliards dépensés par le Nord aux pays du Sud n'ont pas permis le développement. Il s'agit de changer les structures, les hommes et les règles du jeu en nous posant les questions suivantes :

- Qui sommes-nous ?
- Où voulons-nous aller ?
- Que voulons-nous devenir ?
- Par quelles voies ?
- Quelle démocratie ?
- Avec quels moyens ?
- Au profit de qui ?

L'inclusion s'inscrit dans le changement de paradigmes en cessant de dormir sur la natte des autres. Voilà le fond du questionnement qui doit dominer nos réflexions à chaque fois que nous abordons les problématiques.

Réfléchissons pour produire des ouvrages dans lesquels nos enfants pourront tirer le fond de l'économie réelle pour établir les bases solides du développement endogène, c'est-à-dire durable.

Comme nous le voyons, le nouveau système de planification, tel que proposé par le PSE, est un système glissant sans date butoir réalisable dans le court, le moyen et le long terme grâce au système triennal d'investissement public révisable annuellement pendant les votes budgétaires.

Il ne s'agit pas d'un simple constat. Le développement n'est pas seulement une affaire de moyens, c'est avant tout une affaire de dignité qui doit conditionner nos activités quotidiennes.

Les forces du développement durable doivent être recherchées dans notre endogénéité vivante.

Elles doivent être recherchées dans ce que le professeur Iba Der Thiam appelle la notion de faire-faire – les pulsions de base dans les quartiers et les terroirs villageois.

> « … faire-faire[5], c'est manifester une certaine confiance aussi bien aux populations en tant que telles, aux structures et collectivités locales, qu'aux partenaires les plus divers. C'est bannir tout centralisme étouffant, c'est encourager, mieux promouvoir une décentralisation et une déconcentration effectives et réelles des pouvoirs de décisions de l'autorité. Agir sur la capacité de réflexion d'initiative et d'actions des administrés sur leur aptitude à exprimer leurs besoins, à cerner leurs préoccupations, à apprécier leurs moyens, à concevoir un schéma d'intervention endogène, et à conduire la mise en œuvre avec responsabilité et maturité. C'est désétatiser les rapports gouvernement/population et libérer les initiatives créatrices des masses. »

Les moyens, nous n'irons pas les chercher ailleurs, ils sont enfouis dans notre endogénéité vivante, dans notre audace de vouloir par nous-mêmes transformer la marche du monde, les rapports au sein des pôles et métropoles, pour faire face aux exigences du développement.

Les paradigmes dominants de l'émergence doivent tirer leurs réalités des pratiques issues de notre culture, de nos pratiques de tous les jours.

L'option tendant à la territorialisation des politiques publiques devra s'appuyer sur des structures intégrées depuis la base en s'appuyant sur les orientations et les stratégies.

Cet ouvrage se voudra comme une modeste contribution à l'effort des autorités pour la mise en place d'une véritable gouvernance de développement, mobilisatrice, mettant en place des structures adaptées capables de changer les données, c'est-à-dire les outils et concepts pour une dynamique de base où la participation démocratique sera placée sur la voie idéale de l'action populaire.

---

[5] Conférence du Pr Iba Der Thiam en 1989 au Centre de Recherche de Bamako, organisée par le CRDE.

Traiter du thème de « Planification et développement régional » c'est, me semble-t-il, se positionner par rapport à un enjeu qui s'est longtemps imposé aux développeurs, aux administrateurs et aux décideurs, pendant cinq décennies.

Cette problématique se dresse comme une contrainte de base empêchant toute liberté de choix face à un manque de volonté politique confirmé et des institutions obsolètes incapables d'instaurer une véritable administration de développement.

Les réformes successives de l'administration territoriale et locale n'ont été que des intentions qui, sur le plan juridique, ont connu des succès éphémères et qui sur le plan des faits, n'ont pas pu mobiliser les populations dans une dynamique de participation sans laquelle tout résultat probant est impossible.

En 1972, la réforme a été saluée comme « une révolution silencieuse. Ceux qui ont lancé ce slogan savaient de quoi ils parlaient. Les observateurs avertis savaient que « le fait régional » s'imposerait face aux velléités de marginalisation des régions. Le processus de décentralisation déclenché avec la loi 72-25 du 19 avril 1972 se présentait comme « un ouragan » qui devait balayer sur son passage les séquelles de l'administration napoléonienne.

Depuis 1972, la région n'a cessé de « revendiquer légitimement la maîtrise d'œuvre dans la définition, autant que dans la maîtrise du développement de son espace. Il fallait dépasser le concept d'une simple « régionalisation » du plan pour devenir un niveau pertinent de prise de décisions en matière d'investissements publics régionalisés.

Le discours du 3 avril 1992 du Pr Diouf nous invita à mettre l'imagination au pouvoir pour un tournant décisif de notre expérience en matière de décentralisation. Nous allons tenter d'analyser la planification régionale, la dichotomie constatée entre la planification économique et l'aménagement du territoire. Les causes et les conséquences des concepts et outils mis en place dans le cadre de la loi 72-02 du 13 avril 1972 ont eu une incidence sur le nouveau système de planification et le nouveau cadre institutionnel et sur les perspectives du développement régional.

Cet ouvrage, qui propose un autre développement, est venu à une période où le Sénégal et le monde sont confrontés à des impondérables provenant de cette pandémie appelée covid-19, virus dont les effets néfastes sont venus bouleverser les prévisions et obligent la remise en cause des stratégies les plus pertinentes de l'économie mondiale.

Tout est remis en cause. Les raisons qui ont poussé à l'origine à poser la problématique d'un autre développement demeurent – les effets drastiques du covid-19 continuent à compromettre les données dans tous les secteurs où l'homme exerce une activité économique, culturelle et sociale.

L'année 2020 est le début d'une pandémie mondiale qui constitue une contrainte majeure qui a bouleversé toutes les prévisions, les stratégies globales de nos plans et programmes. Les entreprises, les ménages, les acteurs pris individuellement font face à des contraintes insoupçonnées dans une mondialisation débridée, qui les a surpris et qui est en train de les désarmer dans leur stratégie quotidienne.

Les États, pris de cours, s'interrogent face à l'absence de stratégie.

Tous les corps de métiers sont bouleversés, les artistes se lamentent…

La fin du XXe siècle et le début XXIe siècle ont engendré des contraintes qui ont limité les libertés de choix des entrepreneurs et des États dans leurs prévisions économiques et sociales.

Aucune activité n'est épargnée. Le choix d'un autre développement est une exigence que doivent accompagner les réflexions des planificateurs et des décideurs dans les programmes.

Cette pandémie nous oblige à revoir les bases de données à partir de concertations permanentes et inclusives sans tenir compte des différences d'idéologies politiques et de croyances.

L'avenir de nos États en dépend et nous devons en prendre conscience. L'échec sera fatal si nous négligeons cette exigence...

En réalisant cet ouvrage en l'an 2017, nous étions loin de penser qu'en dehors des contraintes liées aux paradoxes que nous avions énumérés, une pandémie universelle allait bouleverser les prévisions déjà compromettantes observées, liées à une mondialisation débridée – les prévisions actuelles risquent d'échouer si nous ne prenons compte les contraintes liées au covid-19.

Le Sénégal a opté pour l'émergence au début de l'année 2012, les décideurs étaient loin de penser qu'une contrainte grave allait bouleverser les données et obliger les acteurs dans tous les domaines à réagir pour exiger des résurgences afin de faire face aux effets néfastes que cette pandémie allait causer sur nos programmes et projets.

Pour mobiliser la jeunesse, il nous faut faire l'inventaire des possibilités pouvant l'aider à faire face aux exigences d'un autre développement à savoir :

- occupation des superficies incultes de la vallée et des terres riches du Sud ;
- mobilisation du secteur privé dans les prises de décisions et stratégies de changement ;
- mobilisation du génie militaire par l'encadrement des jeunes, dans l'aménagement de la vallée du fleuve de la Casamance et des terres du Sine Saloum ;

- formation à partir des universités de cadres compétents pour soutenir l'agriculture, l'élevage, la pêche et le secteur gazier et pétrolier.

Sans cette politique pragmatique, nos États risquent d'enregistrer des échecs préjudiciables à leur manque de choix réalistes.

Le concept de développement par cercles concentriques suppose, que chaque État de l'Afrique de l'Ouest réalise son programme. L'intégration des secteurs dans la vision prospective, consolidera les options vers de grands ensembles qui permettront leur intégration vers un changement, source d'un développement durable.

PREMIÈRE PARTIE

SITUATION DE RÉFÉRENCE 1960-1996

CHAPITRE 1

LA SITUATION DE L'ÉCONOMIE SÉNÉGALAISE À LA VEILLE DU 1er PLAN (1961-1964)

La situation de référence correspond à la période entre l'accession à la souveraineté internationale, à la mise en place des réformes administratives découpant le Sénégal en régions, cercles, arrondissements, villages et au lancement du premier plan de développement économique et social.

En analysant cette période et ses soubassements, nous constatons que la situation actuelle de notre évolution politico-administrative est le résultat issu d'une chaîne de réformes. La réalisation d'un plan quadriennal contenant les objectifs et les orientations portant sur une période de vingt ans (1960-1980) a préoccupé les décideurs politiques.

Nous analyserons également les institutions mises en place qui n'ont pas toujours permis une véritable cohérence conduisant à un pertinent support d'un développement durable. Les organes de veille que les pouvoirs publics avaient mis en place (animation, expansion rurale), de même que le mouvement coopératif et les structures administratives ont évolué dans la sphère d'une dichotomie qui a conduit à une disparité spatiale et à un malaise du paysannat sénégalais. En voulant transposer le modèle hérité de la colonisation, en décidant de laisser évoluer la bourgeoisie rurale et sa mainmise sur les institutions de base, le monde rural n'a pas senti, dès les premières années de notre souveraineté, les changements attendus. Nous avons vécu le règne des commandants de cercle et des gros producteurs. Les réformes successives (1960-1972) dans leur volonté d'aider notre paysannat à disposer d'un territoire utile, ont oublié de s'attaquer à des institutions adaptées au sein desquelles les acteurs du développement pouvaient s'épanouir aisément. Les structures d'encadrement et de formation qu'étaient les Centres d'Expansion Rurale (CER) ont eu le mérite de s'attaquer à l'évolution du monde rural. Les organisations paysannes encadrées par les animateurs ont connu un succès salué par les observateurs à l'époque.

I. ORIENTATIONS GÉNÉRALES ET OBJECTIFS DU PREMIER PLAN

Dans le développement économique et social du Sénégal, les domaines de la production rurale et de la pêche maritime présentaient les problèmes les plus cruciaux. Ce secteur, dont le pays tirait environ 25 % de son revenu et qui employait à peu près 85 % de sa population active, offrait sur le marché une production très peu diversifiée ; il souffrait d'une faible productivité du travail et d'un rendement médiocre.

De plus, le bien-être que le paysan pouvait tirer de sa production était réduit par les tares de la structure du commerce dit « de traite » ; celui-ci limitait ses services aux produits assurant au moins un faible taux de bénéfice lié à une absence de crédits à la production. Les commerçants spéculaient sur l'imprévoyance des producteurs pour faire peser des intérêts usuraires sur les prêts accordés.

La promotion du secteur rural devait se traduire par une amélioration des productions, ainsi que par une réorganisation des circuits commerciaux. Le plan dans ses orientations spécifiques visait les orientations suivantes :

1. Promotion du producteur

L'agriculteur, l'éleveur et le pêcheur bénéficieront petit à petit d'une formation professionnelle plus étendue, grâce au développement de l'enseignement technique prévu dans le Plan et spécialement grâce à l'école des pêches et aux centres régionaux de formation rurale.

La promotion des producteurs ne résultera pas seulement de la formation des jeunes ; elle reposera aussi sur une intensification de l'encadrement, la vulgarisation des techniques productives, ainsi que sur l'organisation du monde rural en communautés de base dynamiques.

2. Diversification des productions

Le pays étant déjà handicapé par le manque de diversification de sa production, les extensions à réaliser dans le cadre du Plan ne devront pas porter sur l'arachide. Cette restriction ne sera levée que lorsqu'une valorisation plus poussée de ce produit sera assurée.

Les extensions, en agriculture, porteront tout d'abord sur les spéculations vivrières, le pays pouvant produire à des coûts satisfaisants certains vivres qu'il importait (mil, riz, sorgho, etc.)

II. Les grands aménagements

La réalisation de grands aménagements permettra d'accroître les superficies cultivées, principalement en riz, améliorant ainsi les conditions d'existence des populations intéressées.

Les aménagements prévus dans le Plan intéressaient trois zones bien distinctes :

- le fleuve Sénégal,
- la région de Kaolack,
- la Casamance.

1. Le fleuve Sénégal

Le but à atteindre est l'aménagement général de la vallée, mais il s'agit d'une œuvre de longue haleine, dont la conception générale restait encore à déterminer et dont la réalisation intéressera conjointement le Sénégal, la Mauritanie, et probablement le Mali.

Les études hydrauliques, agronomiques et socio-économiques déjà commencées devaient se clôturer dans les quatre années du Plan, pour permettre le démarrage des aménagements dans le second plan.

En attendant, seront créés en de nombreux points du lit majeur du fleuve des périmètres endigués, où pourrait se pratiquer la culture du riz en irrigation ou en submersion.

De tels aménagements prépareront l'aménagement général de la vallée et s'intégreront ensuite dans un cadre plus vaste. De coût relativement faible, ils porteront en premier lieu sur les terres basses, mal drainées, et souvent incultes.

Les aménagements porteront sur des superficies variant de 50 à 300 hectares. Ils seront implantés en premier lieu dans les cercles de Podor et de Dagana, où la pluviométrie moyenne n'est que de 350 mm et est répartie de façon très irrégulière de juillet à octobre. Les rendements moyens du mil d'hivernage y sont de l'ordre de 500 kg/ha et tombent fréquemment à 350 kg/ha. C'est pourquoi 25 % des cultivateurs de ces cercles ne cultivaient plus en saison des pluies. Grâce aux aménagements prévus, ils pourront se consacrer à la culture du riz, qui rapportera en moyenne 12 q/ha avec des pointes à 20 q/ha. Néanmoins, subsistera l'aléa des crues plus ou moins fortes, qui font varier les superficies cultivables.

C'est donc avec de grandes chances de réussite qu'on pourra entreprendre ces aménagements qui, entre 1961 et 1964, donneront entre autres résultats un accroissement de surfaces rizicultivables de 5000 ha, pouvant produire 6000 t de paddy.

2. La région de Kaolack

Dans la région de Kaolack, les grands aménagements porteront sur deux zones différentes :

- le Bao Bolon,
- la zone de Fatick-Foundiougne.

Ce défluent de la Gambie presque entièrement aménagé comprend des digues transversales qui délimitent quatre biefs de niveau différent. Dans chacun d'entre eux, des digues longitudinales en courbe de niveau qui retiennent les eaux pluviales, qui atteignent 1 mètre, et les eaux de ruissellement.

Les crédits prévus sont de 25 millions de francs CFA.

3. La Casamance

Le programme d'aménagement en Casamance s'effectuera sur deux plans différents :

- la riziculture de terre inondée,
- la riziculture de terre sèche (avec ou sans apports supplémentaires d'eau de ruissellement ou de crue).

III. La riziculture de terre inondée

Le programme 1961-1964 comprend :

1. Une prospection générale des terres salées

La création de secteurs pilotes d'une centaine d'hectares chacun, où seront mises au point les méthodes de mise en valeur à partir des études menées par la station rizicole de Djibélor, dont la création est prévue dans le Plan.

Deux secteurs pilotes seront créés dans les terres salées du lit majeur : à N'Dieba (cercle de Bignona) et à Tambana-Bouno-Bandali (cercle de Sédhiou). Un troisième secteur pilote aura pour objet principal l'étude des techniques de construction de digues dans le milieu bien spécial de la mangrove.

2. Étude du marigot de Kamobeul

Ce marigot réunit un certain nombre de conditions favorables qui le désignent comme première zone d'expérimentation.

Il portera sur 11 000 ha environ.

Dans le domaine agricole, cette action devra particulièrement s'exercer sur les cultures maraîchères et fruitières, dont le développement est strictement conditionné par l'amélioration de la qualité et la standardisation des produits, surtout ceux destinés à l'exportation.

Il en va de même pour les produits animaux, non seulement la viande, mais aussi les cuirs et peaux.

3. Résultats escomptés

Ces orientations se matérialiseront dans la composition et le volume des productions afin d'obtenir en 1964 de bons résultats, en comparaison avec celles réalisées en 1959. En gros, on peut espérer une augmentation de 30 % des quantités produites (vendues ou autoconsommées) et de 50 % de la valeur des productions commercialisées. Ces accroissements moyens devraient même être dépassés dans les secteurs de la pêche maritime et de l'élevage.

L'accent prioritaire mis sur l'industrie a manifesté la volonté des pouvoirs publics de tirer parti des réalisations déjà existantes et de renforcer l'indépendance économique de la nation.

Le développement de l'industrie doit en effet apporter une contribution importante à l'équilibre de la balance extérieure, tout en évitant une autarcie artificielle et finalement onéreuse. Par sa productivité et ses effets multiplicateurs, l'industrie accélérera le processus d'expansion économique et augmentera les offres d'emplois pour répondre à l'évolution démographique combinée avec la croissance urbaine.

Mais pour être saine et constituer un facteur de progrès au moindre prix, l'industrialisation s'appuiera largement sur les activités menées dans les autres secteurs de l'économie.

Le gouvernement entend cependant promouvoir un développement concerté avec les autres États de l'Afrique de l'Ouest et rechercher avec ces pays une coordination des politiques d'industrialisation. Les opérations prévues ont été définies en tenant compte de cette volonté. Les implantations seront recherchées de façon à éviter une trop grande centralisation. Enfin, le gouvernement entend associer à la réalisation de ses objectifs les initiatives et les capitaux privés déjà implantés au Sénégal ou susceptibles d'y venir.

Le rappel des orientations du premier plan Sénégal, permet de comparer la situation actuelle dans les différentes zones citées avec les prévisions planifiées en 1962. La situation référence pourrait aider l'observateur actuel à observer les efforts des pouvoirs publics depuis l'aube de l'indépendance.

CHAPITRE 2

LES RÉFORMES ADMINISTRÉES (1960-1996)

I. LA RÉFORME DE 1960

I. Le découpage

À l'issue de la réforme, le Sénégal comptait 91 arrondissements, 27 cercles, 7 régions, 15 000 villages et hameaux.

Au lieu de prendre en considération les zones naturelles, la réforme a pris forme à partir des anciennes provinces, cantons et cercles issus de l'architecture coloniale. Les hommes choisis pour diriger les premières institutions sont ceux qui ont hérité des anciennes chefferies traditionnelles. Parmi eux, les instituteurs issus de l'école W. Ponty.

Au niveau des circonscriptions administratives étaient placées des institutions politico-administratives à la tête desquelles des autorités élues au suffrage universel. Les sept Régions qui devaient tirer leur essence des zones homogènes, ont répondu à des préoccupations plus administratives qu'économiques (voir carte ci-après) :

- la Région du Cap-Vert (Dakar-Rufisque, Gorée) ;
- la Région du fleuve (Saint-Louis-Dagana-Podor-Matam) ;
- la Région de Thiès (Thiès-Tivaouane-Mbour) ;
- la Région du Sine Saloum (Kaolack-Fatick-Foundiougne, Kaffrine) ;
- la Région de Casamance (Ziguinchor, Bignona-Sédhiou-Kolda-Vélingara, Oussouye) ;
- la Région de Tambacounda (Tambacounda-Bakel-Kédougou) ;
- la Région du Baol (Diourbel-Bambey-Mbacké-Kébémer, Louga, Linguère).

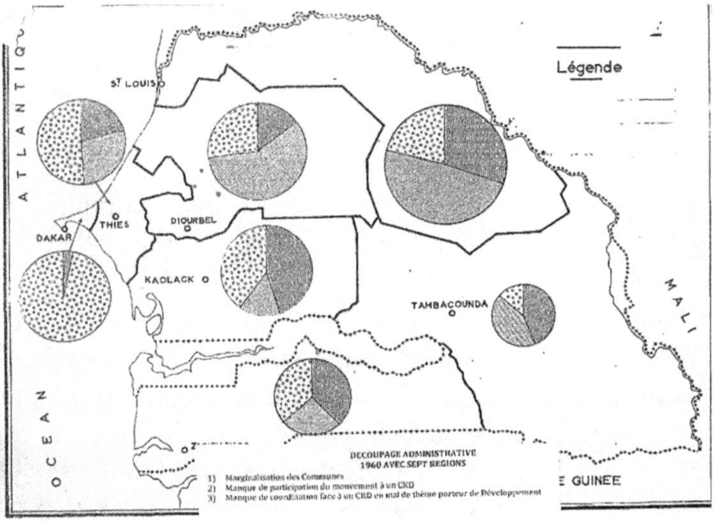

1erdécoupageadministratif du Sénégal (1960-1972) 7 Régions

À la tête de chaque région était nommé un haut fonctionnaire diplômé, pour la plupart du temps, de l'École Nationale de la France d'Outremer. On observe parmi les commandants de cercle des instituteurs sortis de l'ancienne école William Ponty ou de l'École des fils de chefs.

L'Arrondissement constitue l'institution de base, commandé par un chef d'arrondissement (ancien chef de canton ou de province) qui continuait à se comporter comme par le passé.

Au-dessous de l'architecture administrative était le village, dirigé par un chef de village nommé.

2. Les institutions

Le schéma partait de la base vers le sommet et se présentait ainsi :

- ✓ le Terroir villageois ;
- ✓ l'Arrondissement ;
- ✓ le Cercle ;
- ✓ la Région ;
- ✓ la Nation.

Au bas de l'échelle, c'est la coopérative, institution économique de base chargée de la collecte et de la commercialisation de l'arachide, mais aussi de la récupération des impôts et taxes pour alimenter les budgets régionaux.

Le CERP (Centre d'Expansion Rural Polyvalent) était formé par une équipe pluridisciplinaire chargée d'assister, d'animer et de former les paysans au sein des coopératives et au niveau des champs.

Composition de l'équipe polyvalente des CERP :

1) un moniteur d'agriculture
2) un agent d'élevage
3) un technicien de la Pêche

4) le directeur de l'école
5) l'infirmier-chef de poste de santé
6) le technicien des Eaux et Forêts
7) le président de la coopérative
8) le chef du village

Cette équipe est supervisée par le chef d'arrondissement.

a. Au niveau du Cercle

Les services déconcentrés de l'État formaient le Comité local de développement. Il s'agit de services sectoriels avec leur répondant au niveau des services placés au niveau de la région.

b. Au niveau de la Région

Les services régionaux formaient l'ossature déconcentrée des services nationaux des Directions techniques nationales des ministères. L'institution chargée de superviser les services est le Comité régional de développement (CRD), présidé par le gouverneur, chef de l'exécutif régional, représentant le président de la République et de chacun des ministres.

Le gouverneur, dans son rôle de superviseur et de coordonnateur, est chargé de :

- exécuter le programme agricole ;
- récupérer les dettes et les impôts ;
- exécuter les projets et les programmes inscrits au Plan ;
- coordonner l'action des services, exercer la tutelle au niveau des institutions décentralisées ;
- ordonner le budget régional et le défendre au niveau de l'Assemblée régionale ;
- présenter le rapport économique régional et l'exécution du budget à l'Assemblée régionale.

Schéma 1

Schéma de la réforme administrative (loi du 13/01/1960)

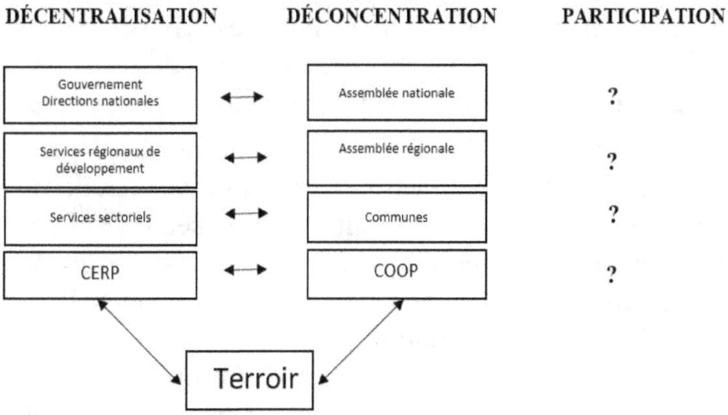

(La notion de participation, absente dans le schéma a été la cause du manque de pertinence enregistré.

Un tel schéma, en marginalisant les structures décentralisées et les coopératives ne pouvait être pertinent en matière de prise de décision.)

Les CER (Centres d'Expansion Rurale) et les CAR (Centres d'Animation Rurale) étaient chargés, conformément à la circulaire 32 pc, de préparer les producteurs ruraux à la gestion des sociétés de développement appelées à dépérir à moyen terme.

Les rapports entre l'animation rurale, l'expansion rurale et l'aménagement du territoire et la coopération ont connu des soubresauts qui ont quasiment freiné l'élan des structures et mis entre parenthèses le deuxième plan de développement.

La mise en berne systématique de la circulaire 32, la marginalisation du mouvement coopératif, la concurrence entre les sociétés régionales de développement et les services déconcentrés ont abouti au dysfonctionnement du programme agricole dont la conséquence a été le malaise paysan des années 1970-1980.

Face aux exigences de la Banque Nationale de Développement et du renchérissement des prix sur le marché intérieur, c'est l'ère de la détérioration des termes de l'échange décriée par le Président Senghor.

De la crise de 1962 jusqu'à la veille du 2e plan, on a observé une période où l'action administrative était dominée par des querelles intestines politiques que seule l'animation rurale a essayé de transcender par une présence permanente sur le terrain, au niveau des organisations paysannes. Il fallait vite remédier à cette situation pour ne pas compromettre le développement : c'est ainsi que la réforme de 1972 est intervenue pour relancer une nouvelle dynamique au sein de l'architecture administrative et encourager les paysans aux travaux quotidiens que rien ne peut remplacer dans un pays qui aspire au développement.

II. La réforme de 1972

La réforme de 1972 a eu pour objectifs de lancer et de mettre en pratique les concepts de la décentralisation, de la déconcentration et de la participation.

Le gouverneur, dans son rôle de superviseur et de coordonnateur, était chargé de :

- exécuter le programme agricole ;
- superviser les programmes régionaux ;
- récupérer les dettes et les impôts ;
- exécuter les projets et les programmes inscrits au Plan ;
- coordonner l'action des services, exercer la tutelle au niveau des institutions décentralisées ;

- ordonner le budget régional et le défendre au niveau de l'Assemblée régionale ;
- présenter le rapport économique régional et l'exécution du budget à l'Assemblée régionale.

Au niveau central, les ministères et Directions veillaient au fonctionnement des services déconcentrés et des sociétés régionales de développement chargées de réaliser une mission spécifique pour le développement régional.

Le développement régional nécessitait dans son fonctionnement une réforme afin de faciliter les rapports entre les institutions décentralisées, déconcentrées et celles de participation. Leurs rapports, qui n'étaient pas fluides, commençaient à porter atteinte à l'efficacité du développement régional. La marginalisation des communes et des coopératives dans la programmation, de même que l'autonomie des sociétés régionales, laissaient entrevoir une sorte de laisser-aller non conforme au véritable schéma du développement. Le manque de coordination entre les structures de base et les effets de la crise de 1962 qui continuaient à persister surtout au niveau des coopératives nécessitaient une seconde réforme. C'est cette réforme que d'aucuns appellent « Acte I de la décentralisation », qui a institué la déconcentration, décentralisation et la participation (voir schéma 1).

Le schéma issu de la réforme prônait un développement intégré. Il a été observé que l'exercice de la tutelle portait atteinte aux rapports entre les institutions décentralisées et le commandement territorial.

La circulation 032/PC définissait les rapports entre les sociétés régionales de développement et les organisations paysannes appelées à se substituer à elles dans le moyen terme.

De 1960 à 1972, il a été constaté une sorte de léthargie née des effets cumulés de la crise politique de 1962. Période où le premier plan semblait être mis entre parenthèses. Seules les équipes de l'Animation et de l'Expansion sillonnaient le monde rural pour l'exécution du programme agricole. C'est la période de l'éveil de la conscience critique des organisations de base. Les abus constatés dans l'exécution des programmes, liés aux difficultés de l'exécution des orientations du premier plan, obligèrent les responsables à procéder à la seconde réforme en 1972.

La marginalisation des collectivités décentralisées et des coopératives dans la programmation planifiée a conduit à la réforme de 1972.

Il a été observé à travers la réforme de 1960 que les structures mises en place ont plus servi à l'Administration administrante qu'au développement des activités de base : communes, coopératives et regroupements de base. Le schéma de 1960 à 1972 de notre administration a été un schéma basé sur des structures administratives avec une prédominance du commandement territorial. Les sous-préfets, les préfets et les gouverneurs, chargés du fonctionnement des structures, ont systématiquement exercé un dédoublement fonctionnel allié à une tutelle bloquante, compromettant l'évolution des structures de base en matière de développement.

Les Régions, circonscriptions administratives, disposant de leur budget voté par les Assemblées délibérantes, comportaient les projets et programmes : construction de pistes, de cases de santé, de classes, fonctionnement des services déconcentrés, etc., une pseudo-autonomie d'action.

Le dédoublement fonctionnel exercé par les gouverneurs au niveau des communes, chefs-lieux de région, faisait des maires des personnalités qui régnaient, mais n'administraient pas.

Au niveau des Assemblées délibérantes (assemblées régionales), le Gouverneur présentait le rapport d'exécution du budget devant les conseillers élus au suffrage universel. Un paradoxe qui a perduré et qui semblait être un effet de mode acceptable. Le gouverneur représentant le Président de la République et chacun des ministres était le chef de l'exécutif régional. Rôle que lui conférait la Constitution du Sénégal et qui faisait de lui le responsable suprême qui ne rendait compte qu'au niveau central alors que les élus devaient être sanctionnés par les populations.

La Région elle-même, entité dépourvue de personnalité juridique, ne pouvait être un niveau pertinent de prise de décisions en matière de développement. Le rôle du commandement territorial était plus lié à l'exécution du programme agricole, et à la récupération des impôts et dettes au niveau des coopératives. Les sociétés régionales de développement qui, dans leur évolution, devaient à moyen terme dépérir au profit des organisations paysannes ont régné dans le concept d'une permanence qui a freiné l'évolution de ces organisations.

Les concepts de « décentralisation », « déconcentration » et « participation » n'ont pas fonctionné dans la logique juridique de la réforme de 1972. Le schéma tel qu'observé fut un schéma bloqué et paralysé par la non-intégration des organes de participation. Les CER, confrontés au manque de moyens, n'arrivaient pas à réaliser leur mission d'assistance technique au niveau des structures de base. La circulaire 37/PM d'Abdou Diouf a été l'acte qui a joué le contrepoids négatif qui a paralysé l'Administration dans sa mission d'éveil de la conscience critique telle que prôné par la circulaire 32 PC de Mamadou Dia en 1962.

Les développeurs ont crié à la réforme de la réforme. Cette réforme semblait inachevée dans sa forme et dans son fond. La réforme de 1972 établit le concept de la déconcentration, de la décentralisation et de la participation à partir des sections villageoises des coopératives jusqu'aux unions.

En 1984, les nouvelles politiques agricoles sont mises en œuvre : nouvelle politique agricole, la nouvelle politique industrielle et la nouvelle planification avec la réalisation des plans régionaux de développement. Cette réforme devait ouvrir la voie vers une véritable décentralisation avec l'érection des régions en collectivités territoriales en 1996.

Sous l'empire de la première réforme de 1960 jusqu'à celle de 1972, les structures de base ont évolué dans un manque de coordination influencé par des considérations politiciennes absurdes. Seuls l'animation rurale et ses agents, par le biais des centres d'animation, ont tenu à marquer leur présence sur le terrain.

III. La réforme de 1996

Pendant l'Université d'été du parti socialiste de 1996, les autorités décidèrent la réforme de 1996 portant le statut des régions. Après plusieurs décennies de réforme, les structures régionales n'ont pas suivi l'évolution du système de planification malgré l'existence des plans de développement intégré.

Cette réforme fait de la Région, sur le plan juridique, une collectivité territoriale dotée de personnalité morale de droit publiC, capable de se développer et de mobiliser ses structures décentralisées dans le nouveau système de planification.

Les régions passèrent de huit à quatorze. La tutelle fut supprimée et les autorités politiques prirent en charge leur propre développement par la réalisation des plans régionaux de développement intégré, des plans d'investissements des communes et des plans locaux des communautés rurales. La région va s'affirmer pour devenir une personne morale de droit public. Le Conseil régional va inscrire son programme de développement dans le Plan régional de développement intégré (PRDI).

Tous les schémas que nous avons analysés ont été des schémas inadaptés au système de planification d'un pays en développement. Les structures mises en place depuis 1960, partant du terroir villageois vers la nation, ont péché par leur manque d'intégration et de coordination.

La réforme de 1996 portant changement du statut des régions est le fondement de l'Acte 3 proposé par la deuxième alternance.

La communalisation intégrale a permis la création de plus de cinq cents communes sur l'étendue du territoire. Tout en étant un acte révolutionnaire, elle n'a pas ouvert la voie à la volonté du législateur de faire des institutions décentralisées des structures capables de se prendre en charge en matière de développement. Le préalable aurait été d'aménager des espaces et des lieux centraux où les communes pourraient s'épanouir en matière de développement. Il a été observé des communes qui n'ont existé que de nom. Il convient de redimensionner les nouvelles communes en tenant compte de la polarisation de l'espace et des nouvelles voies de communication capables d'aider les communes à se prendre en charge en matière de développement.

La polarisation du territoire nécessite la mise en place de communes capables de se prendre en charge à partir des recettes tirées des impôts et des nouvelles structures capables de créer des synergies nouvelles pour un développement participatif durable.

Il ne sert à rien de créer des communes qui n'existent que de nom et qui sont incapables de stimuler une participation efficace au développement.

CHAPITRE 3

ANALYSE CRITIQUE DES OUTILS ET CONCEPTS, SYSTÈME DE PLANIFICATION, LOI-FONCIÈRE - AMÉNAGEMENT DU TERRITOIRE

I. SYSTÈME DE PLANIFICATION

De 1991 à nos jours, notre système de planification est passé de centraliseur à itératif, avec les plans régionaux de développement intégré. La panification devait tirer ses réalités de la dynamique des structures de base, participatives. Cela n'a été qu'un vœu pieux.

En 1984, les premiers plans régionaux mis en place ont été des tranches du plan national calquées sur les régions et ne reflétaient guère les réalités du développement. Les décisions étaient prises depuis le niveau central, à l'insu des acteurs de base au niveau des CRD.

Les acteurs régionaux ont observé que les orientations et les objectifs programmés ont été décidés sans la participation effective des comités régionaux de développement. Le succès de ces documents a été très éphémère. Les documents étaient mis en berne et ne pouvaient servir de cadre de référence aux techniciens régionaux.

La marginalisation des collectivités décentralisées et des coopératives a entraîné l'inefficacité du système. Il fallait revoir les méthodes dans l'optique des stratégies régionales réelles.

La dichotomie du plan national d'aménagement du territoire et du plan de développement, d'une part, et la non-prise en charge du respect des visas de location dans l'implantation des infrastructures, d'autre part, avaient fini par créer des disparités inter et intrarégionales dont les conséquences socio-politiques continuent à avoir des effets négatifs sur l'équilibre spatial.

Le nouveau système de planification visait à intégrer en une démarche unique, souple et progressive, les instruments politiques et économiques en vue d'harmoniser les programmes d'ajustement et de développement, les politiques sectorielles et la planification spatiale.

Il visait également les études prospectives qui fournissent à la planification stratégique, une approche transdisciplinaire.

Pendant les votes budgétaires, il sera procédé à l'ajustement de la loi-Plan qui vise :

- les programmes à long terme (25 ans) et l'image de base prospective ;
- les objectifs d'ajustement et de développement à moyen et long terme (6 à 9 ans) révisable tous les 3 ans aux termes des PTIP ;
- des choix de projets et d'actions à court et moyen terme, ajustables annuellement pendant les votes budgétaires.

1. Le schéma rationnel de la planification

Le schéma rationnel de la planification va reposer sur :

- un programme triennal d'investissements ;
- la planification et l'aménagement régional dans une démarche intégrée (planification régionale et l'aménagement spatial) ;
- la mise en place d'un comité technique permanent associant les ministres chargés de la Décentralisation, de l'Aménagement du territoire et du Plan, avec un réseau de correspondants régionaux (10 ou 14 régions) placés sous la tutelle des gouverneurs avec assistance technique du PNUD (voir communication du ministre du Plan au Conseil supérieur du Plan, 1987).

Depuis que le nouveau système de planification est lancé, face aux réformes, le plan est mis entre parenthèses.

Les observateurs notent la médiocrité des documents, l'absence de coordination et la non-maîtrise des paramètres (évolution économique, prospective, forte dépendance extérieure pour le financement du plan).

Constats :

1) Ce système ressemblait à un jeu d'échecs sur un échiquier instable agité de l'extérieur. Cette réforme n'était rien d'autre qu'une inversion du choix des objectifs du gouvernement.
2) L'existence de deux systèmes de planification à partir de 1980 n'a fait qu'anéantir la synergie du développement.
3) On a noté un système qui s'organise autour du plan quadriennal aboutissant à des projets autour du programme de redressement économique et financier (PREF) et du programme d'ajustement à moyen et long

terme, aboutissant à une politique économique de nature institutionnelle et technique.

Le 8e plan s'est réalisé autour de 21 programmes d'actions prioritaires (PAP) entre 1985 et 1989 (Commission sectorielle horizontale et régionale). On assistait à une dichotomie.

Constats :

La duplication des procédures

On assista au cours du 8e plan à une insuffisance des statistiques qui a privé le plan de ses repères fiables. Le 7e plan est lancé sans horizon, sans date butoir, dans l'optique d'une planification continue.

Les nouveaux instruments PTIP (Programme Triennal d'Investissements Publics), durant 3 ans, glissant le plan d'ajustement à moyen et long terme avec 8 documents de planification et 15 documents de politique sectorielle sans tenir compte des documents de la Banque Mondiale.

Du premier au 9e plan de développement économique et social, la démarche a été uniforme partant du building aux secteurs. Les programmes agricoles ont été exécutés en marge des plans. Le Programme agricole est soumis à l'influence de la Banque Nationale de Développement. Pendant la première alternance, les agences ont également évolué en marge du plan, de même que les nouveaux programmes qui les sous-tendaient.

Conscient des enjeux de faire face aux contraintes que lui imposait la mondialisation, l'État décida, à l'issue du Conseil Supérieur du Plan de 1987, de s'attaquer à la réforme du système de planification à côté des réformes des secteurs agricole et industriel.

L'État, pour être au diapason face aux exigences que lui imposait un changement de méthodes, décida de passer de la planification sectorielle à celle globale pour élargir sa vision au-delà des réactions liées aux aléas conjoncturels pour développer une volonté stratégique tenant compte de notre environnement propre.

La nouvelle planification devait s'appuyer sur trois approches étroitement liées :

- une réflexion prospective,
- une orientation stratégique,
- une programmation des investissements publics.

Cette nouvelle vision de la panification, porteuse d'innovations au niveau des concepts, des méthodes et des techniques, devrait s'ouvrir sur le long terme :

- Une loi d'orientation économique à moyen terme (loi-Plan), à l'horizon glissant avec des objectifs précis portant des tendances lourdes et stratégiques adoptées par l'Assemblée nationale et révisable tous les trois ans.

  Cette loi-plan devait permettre la sélection des projets à inscrire au programme triennal des investissements publics (PTIP).
- Une loi-programme comprenant un ensemble de projets d'investissements sur une période de trois ans avec des contenus précis révisables annuellement.

Une telle réforme devait obliger l'exécutif et le législatif au sein de l'Assemblée nationale et au niveau des Départements ministériels d'instaurer un dialogue inclusif et une participation de la société civile dans la marche du Sénégal vers un développement durable et une démocratie participative où chaque sensibilité politique proposerait sa vision.

Cela n'a jamais été tenté, les membres des partis d'opposition devraient participer aux commissions – un simple vœu pieux.

Le nouveau système de planification devait s'organiser autour de trois instruments basés sur trois horizons différents.

1- L'image à long terme (2015) : il s'agit d'un document de prospective économique et sociale permettant à l'État de se prononcer sur les options de développement à long terme et les choix stratégiques à moyen terme.
2- Une loi d'orientation économique à moyen terme (loi-plan) à horizon glissant (6 ans), à objectifs précis, à contenu qualitatif (tendances lourdes et stratégiques), et à statut politique confirmé (adoption par l'Assemblée nationale, révisable tous les trois ans.
3- Une loi-programme comprenant un programme d'action et un programme d'investissements publics pour trois ans au contenu précis, avec une qualification poussée, révisable tous les ans (pendant les sessions budgétaires de l'Assemblée nationale).

Cette réforme du système national de planification permet d'intégrer dans une démarche unique, souple et progressive, les nouveaux instruments de planification mis en œuvre au cours de ces dernières années (PTIP, PRDI), doivent être examinés simultanément (programme d'ajustement et de développement, les politiques sectorielles et la planification spatiale).

Parmi les choix effectués par le gouvernement pour déterminer les futurs plausibles, une étude devra déterminer le chemin à suivre et les options stratégiques à mettre en œuvre, à partir de la situation actuelle pour tendre vers le scénario réaliste et porteur de progrès.

Cette étude permettra de passer de la réflexion prospective à la mise en œuvre de stratégies qui éclaireront l'action des opérateurs économiques.

Le rôle de la planification sera :

- d'évaluer les coûts et délais d'exécution des stratégies destinées à mettre en œuvre ces changements structurels ;

- d'intégrer ces choix stratégiques dans la loi-plan d'orientation économique et sociale à moyen terme.

À partir des tendances lourdes (démographie, ressources naturelles, gestion de l'espace) et des germes de changement qui peuvent être décelés (innovations technologiques), le rôle de la panification sera de faire de sorte que, parmi les futurs possibles, le plus souhaitable devienne le plus plausible, en prévoyant, le cas échéant, les mutations structurelles et les incitations aux modifications de comportement.

2. Les orientations stratégiques à moyen terme

La loi-pan a une vocation stratégique. Elle détermine les objectifs et les programmes permettant de concilier les impératifs d'ajustement et les exigences nécessaires pour assurer la satisfaction des besoins essentiels de la population à partir des régions et ministères. Son élaboration s'appuiera à la fois sur les perspectives et sur les analyses macro-économiques de la conjoncture nationale et internationale.

Ces analyses doivent permettre de dresser le diagnostic actuel de l'économie et des finances publiques, d'évaluer l'impact des politiques globales et sectorielles mises en œuvre et de déceler les blocages, les défaillances et créneaux.

La loi-plan va définir un projet de planification stratégique en dégageant les priorités et en formulant des directives, des recommandations dans les différents domaines de l'économie.

Sa prévision triennale va permettre une meilleure prise en compte des aléas, mutations et chocs exogènes qui pourrait survenir (le plan devient une loi d'orientation stratégique).

La planification doit rester un outil d'éclairage rendu possible par la loi-programme qui traduit en termes chiffrés, donc d'investissements, et actions publiques, les stratégies et les lignes directives définies par la loi d'orientation (le plan). Au-delà des contraintes de court terme, le plan doit ainsi permettre aux décideurs politiques de maîtriser la définition et la mise en œuvre des politiques et s'adapter à l'environnement international.

3. La programmation à court terme

À partir des priorités contenues dans la loi d'orientation stratégique (loi-plan). La loi-programme doit définir des actions à entreprendre par les pouvoirs publics.

À partir de l'analyse du contexte économique et social (national et international), en s'appuyant sur le bilan d'exécution des projets en cours de réalisation, la loi-programme définit le catalogue précis des actions à entreprendre et fixe la programmation des investissements publics grâce à une allocation compatible avec les contraintes des finances publiques (financement des projets et charges récurrentes).

À partir de l'évaluation et de la sélection des projets, l'élaboration des programmes s'effectue en tenant compte :

1) du bilan des programmes d'actions et d'investissements en cours d'exécution ;
2) de leur adéquation avec les objectifs prioritaires et les critères de sélection de la loi-plan ;
3) de leur compatibilité avec les diagnostics sectoriels ;
4) de l'état de rentabilité des projets au cours de la période triennale ;
5) de leur rentabilité et de leur impact sur les finances publiques ;
6) de leurs ressources humaines financières techniques extérieures.

La révision annuelle de la loi-programme permet de tenir compte des résultats obtenus, des difficultés rencontrées et des modifications, et l'orientation à apporter au programme primitif.

Examinée par l'Assemblée nationale lors des sessions budgétaires, la loi-programme permet de déterminer le budget consolidé des investissements (BCI), assurant ainsi la conformité de la programmation et de la budgétisation (les ministères techniques sont impliqués : évaluation, programmation, suivi). Le ministre du Plan continue à s'occuper de la sélection des projets, de la programmation et de la recherche de financement extérieur. L'affectation du plan au Département des Finances pourrait se justifier à partir de cette orientation.

Le suivi des résultats se fera à partir du bilan d'exécution du programme triennal d'investissements publics ainsi que par l'évaluation ex post de l'impact de ces projets sur l'économie nationale.

L'effort de planification régionale sera de poursuivre sur une base plus élargie de concertation et de participation. Il serait grave de baisser ou de marginaliser les effets des politiques globales sur les régions. N'étant plus en activité, j'aimerais savoir si les alternances qui se sont succédé ont tenu compte de ce mécanisme. Pour le succès du PSE, une seconde réforme du système de planification devrait se réaliser. Il me semble que le système de planification du PSE est en marge de celui du plan tel que décrit plus haut.

L'État gagnerait à les combiner pour éviter un manque de cohérence et d'harmonie.

II. AMÉNAGEMENT DU TERRITOIRE, LA LOI FONCIÈRE

Il s'agit d'observer les tendances actuelles de l'évolution démographique, socioculturelle et économique en tenant compte de l'environnement. Cela se traduira par la localisation des équipements et le déplacement des populations actives du secteur agricole vers les lieux centraux, les villes de l'Est et du Centre vers la côte Ouest.

Depuis 1988, le Sénégal est caractérisé par une croissance limitée se traduisant par des disparités :

a) Les disparités entre Dakar et le reste du pays montrent que de 50 % des entreprises sont implantées à Dakar, 1/5 de la population occupe 0,3 % de la superficie du Sénégal, 50 % des organismes humains sont localisés entre Dakar et Thiès. Cette situation risque de créer de grands problèmes spatiaux avec leurs conséquences sociopolitiques graves.

b) Un autre scénario est celui qui conduit à un développement de toutes les parties du Sénégal par une implantation rationnelle et optimale des ressources et des potentialités. Le projet de Diamniadio pouvait jouer son rôle de contrepoids vis-à-vis de Dakar, s'il était implanté sur le littoral Atlantique (Mékhé ou Mboro).

Le scénario actuel est celui qui envisage que si aucune solution n'est apportée, cela risque de créer une situation de non-retour causant plus de contraintes pour les politiques futures. Le silence observé depuis 1999/2000 en matière de réduction des disparités sur le pan économique peut compromettre toute tendance à l'évolution des schémas régionaux. On a observé une augmentation des régions de 11 à 14, mais rien de plus. Les disparités intrarégionales s'accentuent, les menaces de la macrocéphalie se situeraient dans la conurbation Dakar-Thiès-Diourbel, où plus de la moitié de la population y résiderait sur 5,8 % de la superficie du Sénégal, en 2021. L'exode rural s'accentue et avoisine 82 % de la population active.

L'environnement de la capitale (Dakar) risquera de se dégrader ; on assistera à la croissance de la population urbaine. La politique actuelle de la décentralisation caractérisée, selon l'acte 3, par la communalisation universelle, pourrait être un début de solution si elle est sous-tendue à la fois par un transfert conséquent des moyens aux nouvelles collectivités et par les équipements à installer au niveau des pôles et des communes. Ce qui se traduira par un développement spatial équilibré et l'équité dans le monde agricole.

Les principaux secteurs économiques verront leur évolution maîtrisée pour un développement équilibré, planifié dans le cadre du Plan Sénégalais pour l'Émergence.

Pour accueillir la population additionnelle d'ici 2021 à 2035, il convient de revoir les découpages actuels et de favoriser des espaces de contrepoids qui permettront de décongestionner la capitale. Une deuxième capitale économique sur une ville côtière et la mise en place des grandes infrastructures (un centre métropolitain qui regrouperait Dakar, Pikine, Rufisque et Thiès répondrait à ce que les techniciens de l'espace appellent la « concentration polycentrique »). À l'intérieur du pays seraient installés des pôles-relais devant évoluer pour être de grandes communautés urbaines formant le contrepoids de la grande métropole pour atténuer et modérer les déplacements. Cette politique serait appuyée par des infrastructures autoroutières sur l'étendue du territoire.

Il faut revenir à la notion de territorialisation des politiques publiques et à la sensibilisation, depuis l'école, des acteurs pour la sauvegarde des territoires et villes et de leur environnement.

Il s'agira d'un territoire ordonné et non pollué, et d'un territoire harmonisé où les chocs des rapports et leurs exigences deviennent plus supportables pour les hommes, un territoire où la diversité de la production, son système de distribution, sa rentabilité, dépendent de la fluidité des déplacements grâce aux nouvelles voies de desserte.

Le Sénégal des villages et des hameaux doit céder la place à celui des gros villages, centres évolutifs, des villes et des centres d'échanges par les pôles grâce à une véritable politique de réduction des disparités inter et intrarégionales. Cette politique doit s'appuyer sur la création des pôles au niveau des zones homogènes. Ces pôles vont constituer des contrepoids à la grande métropole. Ainsi seront mises en place six agglomérations de plus de 50 000 habitants (Richard-Toll, Bignona, Joal-Fadiouth, Bambey, Kaffrine, Dagana, Podor), avec des axes de transport, des équipements socioculturels appropriés (lycées techniques, universités de métiers, etc.).

Cette décentralisation s'accompagnera d'un ajustement territorial efficace (transfert de compétences et existence de moyens locaux nationaux et externes, des moyens liés à la coopération, etc.). Toute décentralisation doit être appuyée par une politique de désenclavement des zones éloignées ou périphériques par la réalisation de voies d'accès capables d'aider l'écoulement de la production et par la possibilité pour les communes de tirer le maximum de recettes par le financement de leurs plans et projets.

La politique économique prône la mise en place de communes fortes dotées de moyens inscrits dans des plans régionaux et départementaux de développement intégré, partant des pôles jusqu'aux capitales départementales.

La dissymétrie Ouest-Est dans le système de transport résulte d'une économie liée à la façade maritime. Elle risque de s'accentuer avec la poursuite de la tendance actuelle malgré les efforts des pouvoirs publics.

Les pollutions de toutes sortes ont tendance à s'aggraver sur la bande côtière en raison de la recherche effrénée de plus grande rentabilité par les entreprises privées.

La solution réside dans la territorialisation des politiques publiques ancrée dans l'option d'un développement équilibré qui ne peut se concevoir que dans le cadre d'un plan national d'aménagement équilibré. La réalisation de la voie côtière reliant Dakar à Saint-Louis par les Niayes est une solution à saluer et à encourager.

L'adhésion des populations à cette politique dépendra des contacts et de la prise en compte des desiderata des vrais acteurs qui animent les exploitations familiales dans le cadre des domaines agricoles communautaires et des programmes d'urgence de développement.

Le succès de la réforme foncière reste une stratégie qui conditionne les projets et programmes phares inscrits dans le PSE et qui ont un impact sur une vraie croissance économique. La gestion des terres du domaine national est confiée à l'État qui devra seul y veiller.

La maîtrise des terres, la gestion des grands barrages hydro-agricoles de la vallée du Sine et de la Casamance, l'équipement du monde rural pour la productivité agricole, la santé et la reproduction animale dans la zone sylvo-pastorale, l'équipement et la modernisation du secteur de la pêche, restent les leviers d'une véritable stratégie du développement du Sénégal. Il convient de les harmoniser.

S'agissant de l'environnement, sa sauvegarde est une nécessité vitale face à l'érosion côtière, à l'avancée du désert et à la destruction des écosystèmes.

La non-observation de l'existence des pas géométriques risque de compromettre l'existence de zones côtières aux abords de la mer et des fleuves. Il faut une vigilance permanente sur la politique d'aménagement de la petite côte.

Le tourisme balnéaire ne doit pas annihiler les acquis d'un environnement sécuritaire qu'il convient de sauvegarder face à l'avancée de la mer et à la désertification.

Le Département chargé des collectivités locales doit mettre en place des cellules de veille sur l'acte III, animées par des agents compétents, maîtrisant parfaitement les dispositions de la loi, capables de susciter au niveau des quartiers, des communes, des départements et des pôles, des mobilisations populaires qui vont constituer des stimulants pour la nouvelle vision. Ce sera l'ère d'un « despotisme éclairé » permettant à la jeunesse et aux organisations de la société civile de s'approprier des projets programmes proposés par l'État à travers ses démembrements.

L'incorporation dans le domaine privé de l'État des lieux vacants et sans maîtres, l'acquisition des terres les plus fertiles situées aux bords des lacs et des rivages, des mers et des fleuves, permet à l'État d'utiliser les grands projets hydro-agricoles (fleuve Casamance, petite côte). L'État utilise de grands aménagements qu'il met à la disposition des communes nouvelles qui les redistribuent aux exploitants et aux producteurs de la vallée. Éviter de donner aux collectivités décentralisées une autonomie de gestion foncière pourrait entraîner dans le moyen et le long terme des spéculations qui risquent de porter atteinte à la loi foncière.

Au niveau de ces zones, l'État doit aménager des terres par le procédé de la mise en valeur, évitant ainsi l'expropriation pour cause d'utilité publique qui risque de créer des conflits sociaux graves. Les nouveaux promoteurs privés nationaux ou étrangers devront mener des projets et programmes en rapport avec les objectifs des plans des communes et pôles.

Le législateur sénégalais avait mis en place un arsenal de techniques juridiques qui permet une maîtrise foncière capable, dans le temps et l'espace, de changer les méthodes surannées de maîtrise foncière.

La loi 76-66 a hérité au profit du domaine public cette vieille loi coloniale en matière foncière que sont les réserves conçues comme l'implantation des comptoirs et zones de protection contre les envahisseurs. Cette loi englobe aujourd'hui le domaine maritime fluvial, les lacs, les étangs, les marées permanentes. L'État doit les réserver comme zones stratégiques sécuritaires au niveau desquelles seront placées des garnisons militaires.

L'État s'est gardé d'utiliser cet acquis au niveau de la vallée du fleuve pour éviter de toucher aux terres fertiles et les terres où se pratique la culture de décrue (situées dans le *daande maayo*). Pour éviter des tensions sociales, l'État devrait composer avec les populations traditionnelles et leur inculquer les normes de mise en valeur conformes aux exigences des grands projets hydro-agricoles, mais aussi encadrer les jeunes et les orienter dans le cadre du PUDC dans la prise en main des superficies de culture.

Le développement du Sénégal sera placé dans les perspectives engobant à la fois les secteurs essentiels, porteurs de croissance et ceux liés aux options ayant une incidence sur le comportement des hommes. Le Plan Sénégalais pour l'Émergence ne doit pas être un simple slogan politique, mais une vision engageant le choix collectif de tout un peuple sans considération d'opinion. Si cette vision est porteuse de progrès, elle est également porteuse d'espoir pour tout un peuple.

Pendant la période coloniale, le droit coutumier a favorisé le lamanat, qui était une sorte de compromis entre l'administration coloniale et les autorités coutumières. La loi 64-46 du 17 juin 1964, relative au domaine national, définit quatre catégories de terre dans ses décrets et circulaires d'application :

- les terres des zones urbaines ;
- les terres des zones classées ;

- les terres des zones de terroirs ;
- les terres des zones pionnières.

Selon la loi 64-46, les terres non classées dans le domaine public, non immatriculées et dont la propriété n'a pas été inscrite à la conservation des hypothèques à la date d'entrée en vigueur de la loi, de même que les terres qui font l'objet d'une procédure d'immatriculation au nom d'une personne autre que l'État, sont du domaine national. Les nouvelles communes doivent maîtriser ce concept et éviter de spolier les terres.

Les terres de la zone de territoire sont affectées aux membres de la communauté rurale qui les exploitent selon les conditions définies par décret. Le bénéficiaire doit habiter le territoire et y résider effectivement pour entreprendre des activités rurales à titre principal.

Les membres des coopératives agricoles situées dans les terres ayant fait l'objet d'un acte transcrit à la conservation foncière devront, sous peine de déchéance, requérir l'immatriculation dans les deux ans à compter de la date d'entrée en vigueur de la loi. Les personnes occupant ou exploitant personnellement des terres du domaine national à la date d'entrée en vigueur de la loi continuent à les exploiter. Cette disposition n'a à l'époque favorisé que les personnes disposant de moyens.

Toutefois, par insuffisance de mise en valeur constatée ou si l'intéressé cesse de l'exploiter personnellement, la désaffectation peut être prononcée.

Au moment du vote de la loi en 1964, les terres étaient occupées par des familles ou de grands exploitants (marabouts, traitants, etc.). Le délai de deux ans permettant aux détenteurs des terres de procéder à la régularisation de la situation juridique n'a favorisé que les familles riches.

Les spéculations foncières constatées au niveau de la zone urbaine découlent des dispositions de la loi foncière sur la notion de mise en valeur. Seules les personnes nanties disposant de moyens ont pu mettre en valeur de grandes superficies et les équiper.

Ceux qui, au moment de la promulgation de la loi, étaient confrontés à des litiges fonciers, qui n'étaient pas vides et qui ne disposaient pas de moyens, ont perdu leurs terres.

Les grandes familles religieuses qui, au moment du vote de la loi, disposaient de grandes superficies au niveau du bassin arachidier et au fleuve, ont vu leur titre de propriété approuvé par des actes pris par la puissance publique pour légaliser leur propriété. Le décret de 1935 établissait au nom de l'État la situation des terres vacantes sans maîtres et les terres inoccupées ou inexploitées depuis dix ans.

Les abus souvent constatés dans l'affectation et la désaffectation des terres du terroir ont compromis le déroulement des projets et programmes prévus par l'État pour le développement du monde rural.

Les fonctions anciennement dévolues au Conseil rural doivent, dans le déroulement de l'acte 3, être revues et corrigées. Les communes en zones urbaines doivent revoir leur mission dans le cadre de la révision du système foncier. Des conditions de mise en valeur sont définies par le Code de l'urbanisme. Les terres à vocation agricole doivent former un ensemble homogène régulièrement entretenu et comportant les aménagements réguliers.

La nouvelle structuration du monde rural doit être l'occasion unique de corriger les failles constatées et de permettre aux exploitants qui, à l'époque, n'ont pu procéder au constat de mise en valeur et disposer de leur terre. La notion de mise en valeur devrait privilégier les exploitations familiales traditionnelles à l'heure où l'État, dans le redéploiement de la jeunesse, veut l'inciter au retour à la terre par l'implantation des domaines agricoles. La notion de terroir doit être revue dans le cadre de l'acte III.

L'application de l'acte III doit nécessairement inclure l'aménagement du territoire pour réduire les disparités et redimensionner les terroirs afin de regrouper les gros villages, et permettre ainsi leur évolution urbaine. Il s'agit de la réduction sur l'étendue du territoire des 15 000 villages pour la création de nouveaux centres urbains évolutifs. La transformation des villages et centres en communes nécessite des déplacements et des regroupements en tenant compte des affinités.

Il s'agit également de revenir à la notion de zone de parcours du bétail, point de confits qu'il convient d'enrayer dans la pensée de la valorisation du cheptel. La loi définit clairement l'espace pastoral et le respect de la propriété agricole dans une véritable harmonisation de la loi foncière en la matière.

Les résultats de quarante années de politique dans un pays qui a été le premier à croire au développement planifié sont :

- des déséquilibres sectoriels ;
- des baisses de production ;
- une administration incapable d'asseoir un véritable développement malgré l'existence, à son niveau, des outils de sa dynamique ;
- le manque de volonté d'intégrer les structures depuis la base dans la dynamique du développement.

À partir de cette observation, il faut tirer les conséquences pour faciliter l'accès aux terres aux plus démunis.

La double planification du développement pourrait permettre à des Départements d'unir leurs efforts pour se fédérer grâce à la dynamique créée pour les effets porteurs de croissance de la décentralisation. Certains pôles pourraient, par leurs ressources fiscales générées, aider le budget de l'État à la réalisation de projets interpolaires ou interdépartementaux.

La décentralisation pourrait être le socle dynamique de la planification et de l'aménagement du territoire, de l'environnement et de la protection de la nature.

Parmi les grands projets que l'État doit réaliser et qui figurent dans le programme triennal d'investissements publics, les Départements vont s'y identifier. L'État va techniquement, dans le cadre de ses compétences, déterminer les grands projets d'équipement. Une autoroute à péage qui traverse un département doit avoir des effets induits de même qu'une ligne de chemin de fer, etc., sur l'économie de la collectivité décentralisée (le département).

Que l'on ne s'étonne donc pas de voir les groupements de base réclamer la réalisation d'une infrastructure socio-économique (piste de production, parc de vaccination, dispensaire) directement au niveau central. Ceci dénote, et nous l'avions décrié, une centralisation excessive des décisions. Les collectivités de base doivent pouvoir prendre des décisions dans ce domaine.

Durant la période des trois premiers plans, les régions, grâce à leur budget, ont réalisé des infrastructures de base telles que des écoles, des pistes de production des dispensaires, etc. Ce processus, au lieu d'évoluer, a relégué les régions à une dépendance accrue du niveau central. Les communes et les Assemblées ont, dans leur budget, favorisé les dépenses de fonctionnement uniquement.

La territorialisation des politiques publiques doit impliquer les communes et les départements au niveau des pôles pour la réalisation des projets à ras du sol : forages, classes, pistes et foyers de jeunes.

La planification régionale ne s'est pas toujours articulée avec l'aménagement du territoire. C'est pourquoi il a toujours manqué à nos plans de développement des ambitions territoriales majeures. La planification régionale, comme le note le professeur Lacour, « est un déploiement de moyens et d'outils sur un territoire donné, qui pose très directement la question de l'articulation entre les différents niveaux, en particulier en matière de relais du pouvoir central et des besoins locaux ». Il a manqué une politique capable d'ouvrir la voie à une véritable mutation.

La planification régionale est « tombée en panne » depuis le deuxième plan, car les soupapes de sûreté que sont l'administration de développement et le cadre institutionnel et juridique, de même qu'un programme spécifique de référence, ont fait défaut.

Il m'a semblé que nous avions tâtonné en utilisant les réformes comme prétexte jusqu'en 1972. Il a été observé que depuis l'indépendance, le développement régional, même s'il est resté une option du gouvernement, n'a pas toujours préoccupé les fonctionnaires du niveau central. Il a été une affaire du commandement territorial et des techniciens régionaux, relégués au second plan.

La Région constitue le cadre réceptif des actions de développement national, même si sa définition n'a pas toujours satisfait certains praticiens du développement.

III. Observations générales

Depuis près de deux décennies, le plan national d'aménagement du territoire tarde à être réaliste. Huit plans de développement économique et social ont été élaborés sans approche spatiale allant dans l'application pratique de la hiérarchie urbaine.

Cependant, la décision d'élaborer le PNAT, prise en Conseil interministériel du 14 janvier 1977, a été confortée par le décret 77-982 du 7 novembre 1977 avec la réalisation des schémas régionaux d'aménagement du territoire. Le schéma national d'aménagement du territoire paru en 1982 a permis de rassembler une somme considérable d'informations concernant le Sénégal :

- perspectives démographiques ;
- stratégie d'affectation des sols ;
- valorisation des ressources naturelles.

L'esquisse du PNAT réalisée propose, face aux tendances actuelles – mauvaises du reste –, des scénarios qui présentent des stratégies alternatives de développement visant à infléchir les distorsions du système territorial.

Les objectifs globaux visés peuvent permettre d'asseoir un véritable équilibre de l'espace et sa meilleure gestion.

L'évolution tendancielle des établissements humains pourrait être freinée par les objectifs du PNAT, à savoir :

- rechercher un développement économique et social équilibré pour l'ensemble du territoire national ;
- promouvoir une armature urbaine hiérarchisée et fonctionnelle ;
- créer un cadre propice à l'intégration africaine ;
- associer les populations à la mise en valeur du territoire et à l'amélioration de leur cadre de vie ;
- assurer la protection de la nature et des ressources naturelles ;
- organiser les différents secteurs d'activité et mettre en valeur les ressources locales.

En 1987, lors de l'examen de l'esquisse, il avait été demandé d'y intégrer les objectifs de l'ajustement structurel et de réduire les scénarios à trois. Cette révision tarda à se faire, en raison des difficultés financières auxquelles notre pays était confronté.

Quelles sont les conséquences ?

L'absence de référence spatiale dans le plan de développement économique et social est à la base des déséquilibres constatés entre la capitale et les autres régions du pays. Dans le cadre du programme d'ajustement à moyen et long terme, un objectif formant l'ossature du 7e plan (1985-1989) a attiré notre attention. En le citant, nous voulons confirmer qu'en l'absence du PNAT, les objectifs spatiaux du plan n'ont fait qu'aggraver les disparités régionales.

> « La croissance de la production doit s'établir sur des fondements plus solides par une politique de répartition des revenus qui favorise le travail productif récompense les initiatives et atténue les disparités régionales. »

Au cours du 7e plan, il a été constaté que 89 % des entreprises recensées sont installées à Dakar, représentant 73 % de la valeur ajoutée du secteur secondaire et 75 % des emplois permanents. Sur 341 entreprises recensées au Sénégal :

- 10 sont à Thiès
- 7 à Kaolack
- 6 à Saint Louis
- 2 à Tambacounda
- 3 à Kolda
- 1 à Diourbel
- 1 à Louga
- 1 à Fatick

Durant la période des 7e et 8e plans, les responsables politiques, conscients des disparités qui existaient entre les régions, ne se sont pas souciés de trouver un remède. Dakar prenait une évolution dangereuse qui a abouti à ce que nous appelons la macrocéphalie.

Deuxième partie

Pour un autre développement

CHAPITRE 4

POUR UN AUTRE DÉVELOPPEMENT

Face à la nouvelle option politique issue des deux alternances, il faut changer de paradigmes pour adapter les structures aux nouvelles politiques.

Il s'agit d'un autre développement que nous imposent les contraintes d'un environnement international difficile. Au lendemain des indépendances, que de promesses faites, que de programmes miroités, que de politiques ambitieuses basées sur des moyens incertains, que d'attentes de lendemains qui chantent, que de rêves brisés proposés à des nations dont le seul tort a été d'accéder à la souveraineté internationale et d'aspirer au rang des nations libres !

Il faut saluer la décision des autorités politiques de changer de méthode pour une nouvelle dynamique mobilisatrice engageant les populations sur la voie du développement durable.

L'Acte III, en lançant la communalisation universelle et en ouvrant la voie de la polarisation sur l'étendue du Sénégal, nous a incités à la réalisation d'un schéma alternatif qui exige une nouvelle démarche tant au niveau des outils et concepts qu'au niveau des choix politiques.

De 1960 à nos jours, seules les capitales régionales ont connu des améliorations par rapport à leur situation antérieure. L'évolution de Dakar a créé un désordre spatial grave : 75 % des infrastructures socio-politiques et économiques sont implantées sur 0,30 % du territoire…

Il faut un territoire ordonné et non pollué, et un territoire harmonisé où les chocs des rapports ainsi que leurs exigences deviennent plus supportables pour les hommes, un territoire où la diversité de la production, son système de distribution, sa rentabilité, dépendent de la fluidité des déplacements. La macrocéphalie constatée le permet-elle ? Non.

Le Sénégal des villages et des hameaux doit céder la place à celui des villes, des communes et des centres d'échanges au niveau des pôles. C'est la base d'une véritable politique de réduction des disparités inter et intrarégionales qui doit s'appuyer sur la création des pôles au niveau des zones homogènes. Ces pôles vont constituer des contrepoids à la grande métropole. Ainsi seront mises en place six agglomérations de plus de 100 000 habitants (du nord, au centre, sud-est et ouest), des pôles-relais avec des axes de transport, et des équipements socioculturels appropriés. Le développement dont il s'agit doit être à la fois l'exploitation optimale des ressources et des potentialités là où elles existent. La décentralisation, avec des communes fortes dotées de moyens financiers capables d'aider à la réalisation de projets collectifs permettant d'augmenter le niveau de vie des populations et de freiner l'exode, s'accompagnera d'un ajustement territorial efficace (transfert de compétences et existence de moyens locaux nationaux et externes) lié à la coopération, etc. Toute décentralisation doit être appuyée par une politique de désenclavement des zones éloignées ou périphériques, par la réalisation de voies d'accès capables d'aider à l'écoulement de la production et la possibilité pour les communes de tirer le maximum de recettes pour le financement de leurs plans et projets.

La politique économique prône la mise en place de communes fortes dotées de moyens inscrits dans des plans polaires et départementaux de développement intégré, partant des territoires jusqu'aux capitales départementales.

La solution réside dans la territorialisation des politiques publiques liée à la vision d'un développement équilibré qui ne peut se concevoir que dans le cadre d'un plan national d'aménagement du territoire efficace.

Il faut une vision prospective dans laquelle tous les espoirs sont permis et qui instaure un dialogue et une concertation permanents pour la réalisation des projets phares inscrits dans le PSE.

Les orientations générales, les stratégies des collectivités territoriales (communes, pôles, Conseils départementaux) doivent avoir pour base celles figurant dans le PSE et permettant l'élimination des disparités régionales et des discriminations villes-campagnes en matière de développement participatif et intégré.

L'Acte III s'inscrit dans la logique de l'évolution de la réforme de 1996. Il suffit de l'adapter face aux paradoxes d'une administration administrante, de clarifier la position des communes, des départements et des pôles en les inscrivant systématiquement dans la dynamique d'une véritable décentralisation.

La création du pôle de Diamniadio est l'occasion tant attendue pour mettre en place une zone de contrepoids pour Dakar et enrayer la macrocéphalie. Cette politique de délocalisation doit se réaliser du nord au sud par une volonté politique sans faille. Le choix de la première alternance portait sur la zone de Mékhé, plus éloignée que Diamniadio, pour jouer le même rôle. Il suffit de revoir ce choix sans aucune considération politicienne.

La ville de Mékhé nous semble le lieu idéal pour jouer un rôle de contrepoids capable de freiner les effets néfastes de la polarisation. La nouvelle route Dakar-Saint-Louis nous y invite…

L'Acte III et le PSE traduisent des choix qui ont besoin de supports pragmatiques qui doivent s'inscrire dans un changement de paradigmes dans la gouvernance des actes et leur suivi.

Au lendemain de l'érection des régions en collectivités territoriales, il a été observé :

- des Régions menacées de pauvreté absolue et de disparités graves ;
- une absence de couloirs d'échanges entre les Régions ;
- des zones isolées, enclavées dépourvues de structures socio-économiques ;
- un découpage territorial respectant des normes plus politiques qu'économiques ;
- un socle de développement non conforme aux exigences d'un développement régional planifié ;
- une non-intégration des structures de base capables de conduire à une dynamique de base ;
- un manque de cohérence entre les plans, les programmes et les projets se réalisant sur un même espace territorial.

Les conséquences socio-politiques observées depuis le soulèvement des populations en Casamance en 1983 n'ont cessé de compromettre les plans et les programmes. Le pôle Sud de la Casamance naturelle semble être un choix pragmatique qu'il faut encourager et soutenir.

Le nouveau schéma territorial, à coup sûr, va mobiliser toutes les parties du Sénégal et réconcilier ses populations dans la dynamique participative.

Réfléchir au concept de décentralisation sans penser qu'elle obéit à des phases à la fois administratives, politiques, techniques et économiques, pourrait instaurer un dialogue de sourds, inutile et non porteur de résultats pragmatiques à l'heure où notre pays a atteint le point culminant devant le conduire à un véritable développement durable.

Nous avons observé jusqu'à nos jours un ensemble de paradoxes qui ont évolué avec les réformes successives (1960 à 1996). Il s'agit de :

- la non-pertinence de la région ;
- la marginalisation des collectivités locales (communes, communautés rurales) ;
- la prédominance que rien ne justifie du commandement territorial sur les institutions élues au suffrage universel ;
- l'existence d'une administration administrante, incapable d'assister ses administrés ;
- les maires des communes de 1960-1974 ont régné, mais n'ont pas administré face à une tutelle lourde et bloquante ;
- les budgets des communes ont servi à entretenir la sinécure et la dilapidation des fonds que rien ne justifie ;
- Un dédoublement fonctionnel constaté (Ministre-Maire) ;
- Entretien d'une sinécure pour satisfaire des besoins politiciens.

Le plan de développement économique et social, mis entre parenthèses, a vu se dérouler des projets et programmes pilotés par des agences sans adéquation avec l'action planificatrice. Les budgets consolidés des investissements et les plans triennaux des investissements publics ont besoin, dans le cadre de la permanence du système, d'un schéma tripolaire ouvrant la voie à la technique itérative de la double planification.

Le réaménagement des communes part du regroupement de villages sur un rayon maximum de dix kilomètres avec des équipements socio-économiques (dispensaires équipés, écoles, lycée, pistes améliorées) permettant aux populations de s'approcher des lieux centraux pour solutionner leur enclavement.

Une telle option impose aux populations d'accepter de se regrouper autour des équipements, sachant qu'une agglomération de plusieurs milliers d'êtres humains nécessite des sacrifices que les citoyens doivent accepter pour l'amélioration de leurs conditions de vie.

Il faut analyser les contraintes suivantes et les dépasser. Il s'agit :

- d'un découpage territorial respectant des normes plus politiques qu'économiques ;
- un socle de développement non conforme aux exigences d'un développement régional planifié ;
- une non-intégration de structures de base capables de conduire à une dynamique de base ;
- un manque de cohérence entre les plans, les programmes et les projets se réalisant sur un même espace territorial ;
- Solutionner le manque d'adéquation entre budget et plan d'investissement des communes.

La correction de l'ensemble de ces contraintes va ouvrir une véritable territorialisation des politiques publiques. Elle va également constituer une stratégie d'attaque permettant à notre administration de disposer d'institutions fortes mues par des techniciens compétents et motivés.

Les structures, depuis le pôle jusqu'aux Centres d'Appui au Développement (CAD), nouvelle appellation des Centres d'Expansion Rurale (CER), dans le schéma que nous proposons, doivent être des structures de base capables de faire monter les pulsions des regroupements de participation dans le système intégrateur des projets et programmes.

Il nous semble que l'Acte III dans la réalisation du Plan Sénégalais pour l'Émergence (PSE) constitue la dynamique de base qui fédère les structures à la fois décentralisées, déconcentrées et de participation, de même que la programmation spécifique des pôles. Les nouvelles structures d'appui Promoville-Domaine Agricole Communautaire, programme d'urgence pour le développement, constituent le socle d'un autre développement. Elles devront, dans le moyen terme, dépérir au profit des communes et départements.

Le pôle de la Casamance constitue un exemple qu'il convient de consolider à partir d'une grande volonté politique, pour un succès sans précédent du développement intégral et équilibré du Sénégal face à l'élimination des disparités que notre pays a connues.

La grande lacune des budgets des collectivités locales dans nos pays en développement, c'est leur tendance à privilégier les dépenses de fonctionnement au détriment des dépenses d'investissement. Cette pratique place souvent les élus locaux en mauvaise posture au terme de leur mandat.

Les budgets et les plans doivent avoir la même compétence que les lois votées par les assemblées délibérantes. Le laisser-aller observé au niveau des collectivités locales traduit un manque de formation des élus et des agents municipaux en matière de planification et des procédures de financement des projets. Le schéma institutionnel doit être respecté dans l'exécution des programmes grâce à la coordination horizontale et verticale des structures de la base au sommet.

Tous les projets, plans et programmes doivent faire référence au PSE qui, à son tour, doit établir les normes des orientations dans le cadre de la réalisation des plans au niveau des départements et des pôles.

La stratégie du développement s'inscrit dans la réalisation de l'adéquation budget national et PPDI[6] et les programmes triennaux d'investissements.

Le nouveau système de planification a introduit la notion d'adéquation budget-plan, permettant ainsi le glissement systématique des projets sur plusieurs années en procédant à l'actualisation des coûts au moment des votes budgétaires.

Le budget est l'acte prévisionnel des dépenses et des recettes généralement relatives à une année.

L'expression d'une tranche annuelle programmée se rapporte au budget. Le plan s'étend sur plusieurs années et comportant des projets et programmes prioritaires, doit s'adopter aux plans polaires.

Les techniciens chargés du plan établissent le bilan annuel des investissements planifiés et prévoient en rapport avec les élus à l'inscription des soldes avant les votes budgétaires. Il est observé que généralement, les élus, dans les communes, font davantage référence à leur budget qu'à leur plan. Ce qui dénote une sorte de pilotage à vue qui explique souvent un désordre dans la réalisation des investissements programmés et laissés en rade dès la pose de la première pierre ou un début d'exécution, souvent abandonnés parce que dépendants d'un bailleur extérieur hypothétique.

Le système de planification glissant permet de faciliter l'adéquation et le suivi des projets à réaliser sur une longue période.

---

[6] PPDI (Plan Polaire de Développement Intégré).

Le Plan Polaire de Développement Intégré (PPDI) doit être l'expression régionale des différents projets et programmes, réalisables tant au niveau des pôles et des communes que des départements dans une circonscription administrative. Les coûts devraient être inscrits au PTIP, décentralisés, permettant aux organes décentralisés de s'inspirer des stratégies et orientations depuis le niveau central.

L'absence d'orientation politique aboutit à un manque de volonté suivi d'une mal gouvernance caractérisée dans les pays sous-développés dépendant dans une large mesure de l'assistance extérieure pour l'exécution même de leur budget.

La nouvelle démarche dans le cadre d'un autre développement doit, pour être fiable, introduire la double planification (niveau central, niveau polaire).

La programmation dans le cadre des plans polaires de développement intégré doit faire appel à une concertation au niveau de plusieurs départements situés dans une même zone de pouvoir dans le cadre de la coopération décentralisée, se concerter pour la réalisation de projets communs (routes interurbaines, hôpitaux, lycées, etc.), trouver les moyens en commun avec l'assistance du ministère des Finances, chargé du Plan et de la Coopération.

C'est dans ce cadre que nous avons parlé du PTIP décentralisé et de sa mise en adéquation avec les différents budgets des collectivités décentralisées dans le cadre de l'Acte III.

Les fonds de dotation, de même que les fonds d'équipement des collectivités, ne doivent pas être les seules sources de financement dans le cadre de la communalisation universelle. La fiscalité doit être revue, pour ne pas dire réformée, pour aider les communes et les Conseils départementaux dans leurs actions de développement.

La mise en synergie des possibilités des pôles, des départements et des communes doit se manifester dans la programmation des plans polarisés de développement intégré.

Les préalables d'un autre développement doivent partir d'une nouvelle réforme des structures administratives et du système de planification sur un territoire équilibré et dynamique.

L'équité territoriale doit avoir pour base le choix de communes fortes, équipées pour devenir des lieux de concentration de petites et moyennes entreprises capables de transformer la production dominante des zones de production. La nouvelle démarche doit intégrer le secteur privé dans les options et les stratégies. Le secteur privé dans le Sénégal du pétrole et du gaz a besoin de s'insérer dans la nouvelle dynamique. L'option basée sur l'industrialisation et la diversification de la production a besoin d'un secteur privé qui s'impose à tous les échelons.

CHAPITRE 5

LES FONDEMENTS DE L'ÉMERGENCE : LES ORIENTATIONS, LES DÉFIS ET ATOUTS

Tous les discours gravitent autour de l'émergence comme si ce concept devait ouvrir la voie aux changements sans le respect des objectifs essentiels. L'accès à l'émergence est un vœu et un objectif. On y accède par le travail et le respect des normes définies se rapportant à l'action quotidienne des acteurs à tous les niveaux.

Les paramètres proposés comme fondement de l'émergence ont besoin d'être sous-tendus par nos valeurs propres avant de s'ouvrir sur le partenariat international. La participation du secteur privé national devra y jouer un rôle fondamental. Il s'agit :

- de la gestion vitale de l'énergie ;
- du développement du capital humain ;
- du renforcement de la base logistique des infrastructures (réseaux d'échanges au niveau des pôles d'activité par un réseau routier dynamique et le désenclavement des zones éloignées) ;

- de l'approfondissement du secteur financier et l'amélioration de l'environnement des affaires ;
- de l'amélioration de la compétitivité des facteurs de production – le fondement de l'émergence est essentiellement basé sur un secteur primaire soutenu par une politique de moyens liée à l'amélioration de la productivité et la diversification de la production (élevage-agriculture, pêche, artisanat, etc.) – ;
- de la gestion foncière et la promotion des domaines agricoles communautaires ;
- du programme d'urgence du domaine communautaire lié à l'hydraulique, à l'énergie et aux infrastructures de base,
- du programme d'urgence du développement communautaire lié aux besoins urgents des populations dans les zones éloignées ;
- du développement de l'industrie de transformation.

Sans nous appesantir sur le cadrage macro-économique, il nous suffit de savoir qu'il s'agit d'un ensemble de PAP – (programmes d'actions prioritaires) et de dégager la part des investissements de l'État tirée des ressources fiscales, du secteur privé national et du partenariat. Les hommes d'affaires sénégalais sont les plus concernés dans le concept d'un autre développement.

Le PAP et le cadrage macro-économique ont été élaborés dans le processus interactif basé sur trois scénarios :

- un scénario tendanciel (PTIP 2013-2015) et le scénario central retenu avec le FMI dans le cadre de l'instrument de soutien à la politique économique ;
- le scénario optimiste du PSE, évalué à un montant de 9685,6 milliards de francs CFA, soit 59 % du financement acquis. Le GAP recherché est de 2964 milliards, soit 30,6 % ;

- et celui à couvrir par les recettes additionnelles et les économies sur les dépenses, soit 984 milliards de francs CFA, correspondant à 10,2 %.

Vis-à-vis du PSE, quelle doit être la position des acteurs bénéficiaires des acquis du développement tels que proposés par ce plan, qui est une innovation permettant l'adéquation des budgets et programmes planifiés ? Cette question se posera en permanence.

I. Les orientations

La recherche du mieux-être des populations face à l'environnement international avec les exigences basées sur des potentialités difficilement exploitables dans nos jeunes pays exige des moyens souvent inaccessibles que seule la coopération internationale permet de réaliser.

L'année charnière 2035 est l'horizon du Plan Sénégalais pour l'Émergence dont les axes s'appuient sur :

1) des programmes triennaux des investissements publics ;
2) des ruptures face aux pratiques habituelles qui, pendant plusieurs décennies, ont connu des échecs et n'ont pas ouvert la voie du développement durable.

Pour atteindre l'émergence, le PSE vise les objectifs suivants :

- installer l'économie sur une trajectoire de croissance forte, inclusive, créatrice d'emploi, préservant l'environnement ;
- instaurer l'État de droit basé sur une gouvernance réelle et sécuritaire ;
- la promotion des valeurs culturelles du travail que sont la responsabilité, la citoyenneté et la solidarité ;

- la réalisation de la sécurité du développement équilibré sur un territoire lui-même sécurisé.

II. Les défis

L'analyse des forces et faiblesses du Sénégal a révélé des défis de même que des atouts sur lesquels il faut s'appuyer pour définir des stratégies d'attaque en vue de résultats réels.

Les défis constituent les contraintes qu'il faut découvrir et qui souvent, limitent les libertés de choix des programmes à réaliser, parmi lesquels ;

- le financement du développement à travers l'amélioration des marges de manœuvre budgétaire et l'allocation des ressources, ainsi que l'exécution des dépenses publiques liées aux besoins prioritaires ;
- le financement du secteur stratégique et la mise à niveau du secteur énergétique par la production d'électricité à moindre coût ;
- la maîtrise des facteurs de production ;
- l'instauration d'un environnement des affaires pour promouvoir l'investissement privé sénégalais dans le secteur structurant en rapport avec le privé étranger ;
- la modernisation de l'économie informelle ;
- la correction des disparités, des inégalités et la protection des groupes vulnérables ;
- l'adéquation formation-emploi, le désenclavement et le renforcement de l'intégration régionale ;
- la mise en place d'une administration performante menée par des hommes d'expérience sur l'étendue du territoire.

III. LES ATOUTS ET SUPPORTS

La progression vers l'émergence s'appuie sur les atouts suivants :

- la stabilité politique et sociale à travers les institutions solides et adaptées aux réalités socio-culturelles ;
- la viabilisation du cadre macro-économique et le maintien du potentiel démographique avec une jeunesse dominante et active ;
- l'urbanisation de l'habitat ;
- l'exploitation du secteur minier et l'encouragement de la recherche à partir des universités de métiers et les centres de formation professionnelle ;
- encourager, améliorer et coordonner les apports de la diaspora dans les secteurs porteurs de croissance et de développement ;
- veiller sur le développement sectoriel et essentiellement sur :

1. L'agriculture

Le développement de ce secteur répond à une triple aspiration :

- renforcer la sécurité alimentaire et rééquilibrer la balance commerciale déjà dégradée par les importations de produits qui auraient pu être produits et transformés au Sénégal même ;
- développer les filières intégrées compétitives à haute valeur ajoutée ;
- la prévention des équilibres socio-économiques (économie rurale).

Le développement de l'agriculture commerciale sera appuyé par :

- la mise en place de fermes intégrées dans le domaine agricole et communautaire (fruits, légumes, etc.) ;
- l'organisation des producteurs dans le but d'une industrialisation sur place, au niveau des pôles ;
- la création de zones greniers qui vont constituer le corridor céréalier visant le développement et l'intensification des bassins agricoles dans le bassin arachidier, dans la vallée et les zones du sud de la Casamance (mil, sorgho, maïs, riz) pour la sécurité alimentaire.

Le Sénégal doit produire et transformer ce que nous consommons sur place grâce à l'appui du secteur privé.

Il s'agira de mettre en place des agropoles intégrés pour le développement agro-alimentaire à haute valeur ajoutée (1 million de tonnes de riz en 2018) ;

- La relance de la production arachidière (1 million de tonnes en 2017) et encourager la production de l'huile d'arachide sur place. Cette politique doit être encouragée grâce aux supports des PMI et PME.

2. L'élevage et la production animale

Le développement accéléré des filières de l'élevage (bétail, viande, lait, cuir et peaux et aviculture) doit s'appuyer sur :

- l'amélioration de la productivité, et la compétitivité des filières animales ;
- la création d'un environnement favorable au développement du système d'élevage ;

- le remplacement des infrastructures de conservation, de transformation et de commercialisation, avec une meilleure intégration.

3. La pêche et l'aquaculture

Les opportunités en matière de pêche et d'aquaculture seront exploitées dans le cadre de la sécurité alimentaire par :

- la gestion durable des ressources halieutiques et la restauration des habitats marins, aires marines protégées ;
- le développement accéléré d'une aquaculture compétitive ;
- la promotion de la pêche continentale par l'aménagement des zones de production naturelle et l'organisation des acteurs ;
- la valorisation accrue des produits halieutiques et aquacoles par l'érection de pôles industriels intégrés et la mise en place d'incubateurs et d'unités de transformation artisanales et modernes.

4. L'éducation, la santé et la culture

Par l'éducation et la formation, il s'agira d'offrir des possibilités équitables à tous les enfants en prenant en compte les disparités sociales et régionales et la répartition des infrastructures et du personnel d'encadrement. L'option du gouvernement sera portée sur les sciences et techniques dans le cycle fondamental et dans les lycées ainsi que sur la professionnalisation des filières à travers le partenariat public-privé.

Le Paquet 2013-2025 est le socle de la politique nationale en matière d'éducation et de formation, avec comme objectifs :

- mettre en valeur un cycle fondamental d'éducation de base de 10 ans à travers l'appui aux structures DIPE (Développement Intégré de la Petite Enfance) et l'amélioration de l'enseignement scolaire dans les *daaras* et la consolidation des bases de la discipline ;
- améliorer la qualité de l'enseignement et de l'apprentissage ;
- éradiquer l'analphabétisme et promouvoir les langues nationales ;
- développer l'université virtuelle avec des espaces numériques ;
- valoriser les résultats de la recherche.

5. La protection sociale et la nutrition

Le Plan national du développement sanitaire (PNDS) vise à atteindre 80 % des enfants âgés de 0 à 11 mois complètement vaccinés en 2017 et à réduire la morbidité et la mortalité maternelle et infanto-juvénile.

Les objectifs visent à :

- améliorer la qualité du service de santé et de nutrition par l'approche communautaire et le renforcement et la réhabilitation des infrastructures médicales ;
- améliorer les performances en matière de prévention et de lutte contre les maladies ;
- améliorer la santé de la mère et de l'enfant par la promotion de l'accouchement dans les structures de santé agréées ;
- améliorer l'état nutritionnel de la mère et de l'enfant ;
- améliorer les dispositifs de santé grâce au renforcement et à l'efficience des dépenses publiques de santé.

Face aux risques sociaux, la protection sociale est un ensemble de mesures relatives à la protection des populations (un réseau minimum de moyens de substance et de soins de santé).

La protection sociale visait à atteindre 250 000 familles vulnérables en 2017. Elle vise aussi les enfants en situation de vulnérabilité, la sécurité des travailleurs et des retraités, ainsi que la protection du secteur informel et des groupes vulnérables par la couverture maladie universelle.

6. L'habitat et le cadre de vie

La dégradation de l'environnement et du cadre de vie dans les villes et campagne occupe 30 à 40 % de l'espace occupé.

Dans le domaine de l'habitat, l'État engage une politique volontariste de baisse du coût des loyers et la réalisation de logements sociaux sur l'espace national afin de favoriser la modernisation des centres urbains.

IV. L'AMÉNAGEMENT DU TERRITOIRE ET LE DÉVELOPPEMENT LOCAL

Cette politique vise le développement équilibré et cohérent de l'espace. Les collectivités décentralisées vont prendre en main les politiques de base et décider les mesures idoines en matière de développement sur l'étendue de leur espace. Elles auront un rôle fondamental à jouer et devront créer des espaces au niveau urbain pour des jardins protégés.

L'Acte III, visant l'équité sociale et territoriale, va obliger la territorialisation des politiques publiques et l'élimination des discriminations villes-campagnes. Le Plan stratégique des pôles régionaux sera un stimulant pour les schémas nationaux d'aménagement du territoire.

Cette option va aider à :

- promouvoir la viabilité du territoire avec le développement des pôles économiques intégrés et la valorisation des potentialités ;
- renforcer la capacité des collectivités locales par la promotion de la coopération décentralisée ;
- transférer des moyens substantiels aux collectivités (promotion de budgets consolidés) ;
- améliorer le cadre foncier et fiscal des collectivités, sans donner aux maires la capacité de gérer et de distribuer les terres.

Les objectifs et les stratégies dans le PSE sont appuyés par une volonté politique que l'État et le secteur privé national et étranger, de même que la société civile, doivent défendre par tous les moyens. L'émergence du Sénégal s'inscrit dans une option basée sur une stratégie qui intègre le savoir-faire et le savoir-être de tous les Sénégalais, quelles que soient leur vision et leur doctrine politiques.

Face aux orientations du PSE, les collectivités territoriales (communes, Départements, pôles) doivent adopter des stratégies spécifiques. Cela ne pourrait se réaliser que dans le cadre de la double planification et dans l'adéquation des plans d'investissements communaux et dans les programmations spécifiques des entreprises privées nationales installées dans les pôles. Les entreprises étrangères sont obligées de se conformer aux orientations du PSE pour ne pas créer des disparités territoriales. Le schéma territorial que nous proposons doit constituer le socle qui prend racine depuis les terroirs et les quartiers, mobilisant les synergies endogènes et ouvrant la voie à des stratégies nouvelles.

CHAPITRE 6

LES INSTITUTIONS DÉCENTRALISÉES DANS L'UNIVERS DE L'ACTE III

I. LA COMMUNE

Institution décentralisée longtemps marginalisée, la commune est devenue la cheville ouvrière de l'Acte III. Il a été observé au cours des plans que l'enveloppe destinée au financement des investissements dans les communes dépassait rarement 5 % de l'enveloppe globale du 7e plan.

Sur ce total d'investissement programmé, la seule commune de Dakar en avait réalisé 80 %, ce qui laisse dire que les communes ont toujours favorisé la sinécure.

Les budgets des communes ont toujours favorisé les dépenses de fonctionnement au détriment des dépenses d'investissements. Pourtant, les dispositions du Code des collectivités locales proposent que pour bénéficier des avantages du fonds de concours, les communes doivent mobiliser 25 % de leur budget pour les investissements. Au moment où nous réalisons pour la première fois le plan de développement communal de Dakar, nous avions imposé comme préalable cette disposition. Les autres communes continuaient à bénéficier du fonds de concours hors du respect de cette disposition. Les autorités communales sénégalaises ont toujours pensé que les fonds destinés aux investissements doivent être recherchés dans le cadre de la coopération et du partenariat, une habitude de la main tendue. Il ne s'agit pas de porter son programme en bandoulière pour parcourir le monde à la recherche de partenaires hypothétiques.

La planification à la base a besoin d'une volonté politique permanente et d'un suivi administratif pour la sauvegarde de l'éthique et de la bonne gouvernance. Les communes doivent anticiper les programmes portant sur le moyen terme, d'où l'obligation de planifier.

Au lieu de reprendre la réforme des structures de base à partir des CER existants, il est plus recommandé d'installer au niveau de chaque chef-lieu de département un Centre d'Appui au Développement (CAD) dont le rôle d'assistance devrait s'étendre depuis le chef-lieu de département, aux quartiers (conformément au schéma alternatif). Il ne sert à rien de maintenir les cadres supérieurs au niveau central et les cadres intermédiaires au niveau de la base. Il convient de motiver les cadres et de les placer à tous les niveaux de l'architecture du schéma alternatif pour assister, encadrer, exécuter, évaluer, élaborer les projets et programmes tirés du choix libre des populations.

La réalisation du plan régional de développement intégré, du plan d'investissement des communes, doit permettre d'établir la double planification dans une région devenue collectivité territoriale. L'espace local aujourd'hui, c'est le département, la commune et les quartiers. Elles doivent constituer la cheville ouvrière des plans au niveau des départements, devenus des personnes morales de droit public. La région telle qu'observée semble être de nos jours un espace immatériel que nous continuons à citer.

II. LE DÉPARTEMENT

Les cercles ont évolué pour devenir des départements. Le département a toujours été marginalisé dans les réformes. Il est resté à un niveau de commandement sans orientation précise.

Longtemps circonscription administrative où s'exerçait une administration administrante, le département est devenu une personne morale de droit public, niveau pertinent de prise de décisions en matière de développement dans la vision de l'acte 3.

Le président du Conseil départemental est la clé de voûte de la nouvelle révolution. Il doit veiller à la dynamique de l'institution.

Les pouvoirs exécutifs exercés par les autorités décentralisées doivent être souples, sous contrôle de l'organe de veille de la légalité des actes à côté des organes judiciaires décentralisés. À côté des plans d'investissements des communes, doit exister un plan départemental d'investissement qui doit fédérer les programmes intégrés qui ont une influence économique sur l'étendue du Département ou du pôle.

Les services déconcentrés de l'État jouent un rôle d'assistants technique dans l'élaboration et l'exécution des projets et programmes inscrits au plan régional de développement intégré. Ainsi, le PPD[7] sera le réceptacle du PTIP régionalisé à côté des pôles.

Le contrôle de la légalité sera exercé par la Section administrative du tribunal saisie chaque fois que de besoin par l'autorité administrative ou le citoyen ordinaire. Le transfert de compétences au niveau des collectivités

---

[7] Plan Polaire de Développement

décentralisées va entraîner de larges mouvements de personnel et leur redéploiement au sein de structures (pôles, communes, départements). Il s'agira d'un personnel compétent dans une fonction publique adaptée.

Des moyens conséquents doivent accompagner les nouvelles structures et permettre un développement dont l'ambiance doit s'ouvrir sur une ère nouvelle qui fera que les agents des anciennes communes n'auront rien à regretter. Cela suppose que les communes cessent d'encourager la sinécure pour disposer enfin d'agents compétents et motivés.

La création du haut Conseil des collectivités territoriales pourrait faciliter la marche normale de celles-ci. Il n'y a pas de contrôle sans textes. Les textes doivent être souples pour ne pas devenir des contraintes dans la marche des institutions. Le haut Conseil ne doit pas se substituer aux anciennes institutions qui ont exercé des tutelles bloquantes vis-à-vis des collectivités locales. Il doit formuler des avis techniques à chaque fois qu'il est saisi.

Le financement du développement territorial ne doit pas être un simple vœu pieux. Conformément à la loi d'orientation sylvo-pastorale, les communes s'impliqueront dans le développement du secteur agricole de leur ressort territorial. La circonscription administrative devient un lieu de contrôle de la légalité des actes à côté des organes judiciaires déconcentrés.

Les collectivités locales sont des démembrements de l'État qui exercent des missions particulières conformément à la loi (contrats, assistance technique, formation, etc.) auprès des services sectoriels.

III. Les pôles de développement

Il s'agit de centres réunissant les différentes opportunités partant de l'administration, de l'éducation, de la santé, des industries. Les pôles doivent devenir, à la place des régions administratives, des espaces qui, dans la politique d'urbanisation, favoriseront la naissance des nouvelles villes et joueront un rôle primordial. Ils doivent regrouper les entreprises publiques et privées de même que les organisations de la société civile.

Le nouveau développement introduit par l'acte III devrait permettre la réduction des disparités entre Dakar et le reste du Sénégal et empêcher la dichotomie entre le Plan National pour l'Émergence et le Plan National d'Aménagement du Territoire. Le Plan pour l'Émergence renferme une gamme d'actions prioritaires portant sur les moyen et long termes.

Les effets combinés issus de la nouvelle dynamique vont permettre de réaliser de nouvelles agglomérations urbaines sur l'étendue du territoire national, grâce à la délocalisation des services, des ministères.

Les pôles centres et les pôles relais vont constituer les bases d'une véritable territorialisation des politiques sur l'étendue du Sénégal. L'inversion des tendances impose l'utilisation rationnelle de l'espace par la délocalisation des structures sanitaires et économiques. Ainsi, la mobilité des populations va s'inscrire dans une logique qui freine le désordre spatial et atténue les disparités. Le désordre spatial défini par Pierre Calam dans son étude intitulée « La rurbanisation », consistant au déplacement des populations actives des villes vers la campagne, pourrait se réaliser spontanément.

L'Acte III doit permettre un changement radical au niveau de l'espace et des structures décentralisées.

La délocalisation de certains départements ministériels au niveau des pôles va faciliter les déplacements rapides grâce aux nouvelles artères que seront les autoroutes et les voies équipées qui vont faciliter la rapidité des déplacements, utiles dans le concept du développement durable.

Le schéma adaptable à l'acte III ne peut être que tripolaire, partant des quartiers vers les centres de décision, mobilisant les synergies, les pulsions exprimées par les populations à travers les projets et programmes.

Depuis 1972, on réclame la réforme de la réforme pour la simple raison qu'il a été difficile de mobiliser les acquis faute de structures adaptées permettant de combiner les concepts : déconcentration, décentralisation et participation. Il faut une volonté politique de changement.

La communalisation universelle introduit une nouvelle citoyenneté et des structures adaptées au sein desquelles les acteurs s'exprimeront et donneront forme à leur ville. Chaque Sénégalais sera fier de sa commune pour y trouver toutes les commodités souhaitées (écoles, hôpitaux, lycées, commerces, etc.). Les regroupements des femmes et des jeunes avec l'appui de la DER vont développer les petites industries de transformation.

Chaque département pourrait, dans l'évolution du schéma, disposer d'un pôle relais dans la vision de la concentration polycentrique, avec des voies d'accès et de petites industries de transformation de potentialités.

L'action des communes dans un même département s'inscrit dans le concept d'un développement intégré aux effets mobilisateurs dans un plan global sans exclure la possibilité, pour les communes, de réaliser des projets locaux dans leurs programmes politiques. Les services déconcentrés de l'État situés au niveau de la circonscription administrative (les pôles) peuvent assister techniquement les communes et les entreprises dans le cadre d'un contrat supervisé par le représentant de l'État.

Les Comités de quartiers organisés et encadrés par les représentants des communes et de l'État vont réaliser des monographies leur permettant de disposer de données réelles pour la mise en place des programmes à inscrire au plan. Ainsi, les associations sportives et culturelles, les *daaras*, les associations et les regroupements divers vont inscrire leurs activités dans une dynamique de partage et d'intégration pour le développement durable de leur quartier et de leur ville.

Aujourd'hui, la course vers l'accès aux terres sur de grandes superficies exige une vigilance et une protection de nos potentialités face à l'agro-business qui ne doit pas installer des contacts nocifs pour le développement du monde rural. La rurbanisation consiste à faire bouger les jeunes actifs des villes vers les zones rurales aménagées pour l'agriculture et l'élevage, doit être systématisée et appuyée.

La rurbanisation doit avoir pour finalité la création de structures villageoises et de structures urbaines intégrées dans un système d'aménagement qui crée un mouvement ville-campagne à travers des pôles-relais capables de relancer l'artisanat, la transformation de la production vivrière agricole et sa valorisation, pour aller vers l'autosuffisance alimentaire. Les regroupements des jeunes agriculteurs appuyés par les entreprises privées nationales vont jouer un grand rôle.

La création de métropoles d'équilibre et des pôles relais dans le cadre de l'aménagement du territoire doit provoquer une dynamique dont les effets bénéfiques pourraient maintenir les populations actives en milieu rural. Ainsi, les tentatives d'émigration vers l'Europe pourraient s'estomper, au grand bonheur des familles aujourd'hui dans le désarroi.

Les pôles vont constituer sur l'étendue du Sénégal des lieux centraux polarisateurs liés entre eux par des infrastructures routières et autoroutières, permettant des déplacements rapides. La transformation sur place des potentialités existantes par les petites et moyennes entreprises installées en milieu producteur sera uniquement stimulante dans l'optique du développement durable.

Les présidents des Conseils départementaux, de même que les maires et les responsables des pôles, entretiendront une coordination dans l'exercice de leur mission. Des journées de réflexion seront organisées par les responsables des structures décentralisées sur des thèmes relatifs à l'amélioration de leur structure.

Il faut réconcilier le monde rural et le monde urbain, car le premier doit dialoguer avec le second, pour la fourniture de matières premières que les petites et moyennes entreprises transformeront. Nous devons consommer ce que nous produisons.

Il est observé que nos villages et nos villes et même nos régions n'échangent pas entre eux pour les raisons suivantes :

- manque de diversification des produits ;
- l'état des routes et l'enclavement des zones,
- le manque de structures de base capables d'aider à la valorisation des produits ;
- la concurrence accrue des produits importés à moindre coût ;
- l'impossibilité de transformer nos potentialités sur place - l'exemple du coton est édifiant, de même que celui des noix d'acajou.

L'utilisation à grande échelle du bois de feu détruit l'écosystème et porte atteinte à l'économie forestière. La destruction de l'écosystème est une catastrophe écologique grave. L'installation d'infrastructures et d'appareils utilisant le gaz pourrait contribuer à la sauvegarde de l'écosystème.

IV. Le haut Conseil des collectivités territoriales

Voilà une institution nouvelle dont le rôle sera de consolider les acquis de la décentralisation. Nous devons, pour l'analyser, observer les positions qu'elle ne doit pas avoir dans le fonctionnement des institutions traditionnelles (communes, Conseils départementaux et pôles). Son fonctionnement doit se baser sur une démarche thématique à cause de l'expérience des hommes qui le composent. Il ne doit pas être un lieu où les politiciens règlent leurs problèmes personnels. Les conseillers doivent être avant tout d'anciens fonctionnaires de l'État dont l'expérience avérée doit se manifester chaque fois qu'un thème est posé en matière de développement économique et social.

Les outils et les concepts des plans et programmes doivent, au sein de ce Conseil, être maîtrisés chaque fois qu'il est saisi. La prédominance des membres doit être technique avant d'être politique. Les membres doivent être des techniciens avant tout. Ils ne doivent pas être choisis uniquement dans l'univers politique pour satisfaire des appétits de règne inutiles dans un lieu où seules la compétence et l'équité doivent prévaloir sur tout autre comportement.

Pendant la réalisation des projets, des programmes et des plans, le haut Conseil doit jouer un rôle de soupape de transmission dans la définition des orientations et stratégies et s'imposer contre tout acte non conforme au fonctionnement des autres institutions.

Le haut Conseil des collectivités territoriales doit, à partir de l'expérience des hommes qui le composent, jouer un rôle d'assistance, de conseiller dans les orientations politiques et le choix des programmes.

D'aucuns pensent quelquefois avec raison que le HCCT n'a pas sa raison d'être à côté du Conseil économique, social et environnemental. Une institution n'est jamais de trop si sa mission rentre dans la consolidation des politiques publiques.

Nous avons essayé de rendre l'acte III mobilisateur dans l'optique de la communalisation universelle dont l'équité dicte le dépassement de la discrimination villes-campagne. Le fond du concept conduit à l'équilibre spatial avec la réduction des villages par l'aménagement rural lancé dans le cadre des plans régionaux du développement intégré (PRDI).

La révolution prônée par la communalisation universelle impose une politique de réduction des villages et la promotion des villes. Les structures d'appui, les organisations non gouvernementales, les organisations paysannes et les nouvelles entreprises doivent, dans une démarche inclusive, se concerter pour être les éléments moteurs du développement durable.

V. Le Conseil économique, social et environnemental

À la création du Conseil économique, social et environnemental, les observateurs avaient pensé à une sorte de similitude structurelle. Quand la mission de la nouvelle structure fut définie, il a été observé que l'État a cherché à s'appesantir sur le concept environnemental et sur la sauvegarde de l'écosystème.

Si le haut Conseil regroupe des élus et des hommes d'expérience dans le but de rendre universelle la communalisation, l'État a voulu réunir les nouvelles structures dans l'univers d'une concertation permanente face aux exigences de l'émergence.

Le Conseil économique, social et environnemental regroupe ou doit regrouper des hommes d'expérience sans considération d'obédience politique pour appuyer l'État dans sa politique de développement. L'environnement et la sauvegarde de l'écosystème est la clé de voûte du développement durable.

Les politiques et les orientations de l'État en la matière ont besoin d'hommes avertis, imbus d'expérience, pour consolider et fortifier les options. Le CESE doit avoir les possibilités de s'autosaisir chaque fois que de besoin. Entre les deux structures, il ne saurait exister de concurrence inutile.

Observations générales

La multiplicité des départements répond à des préoccupations politiques qui ne sauraient en rien constituer des contraintes au développement. Notre pays doit réaliser une politique d'aménagement du territoire basée sur la valorisation des pôles relais facilitant les échanges grâce à des équipements conséquents et à la mise en place des routes permettant d'atténuer les disparités intra et interrégionales. Dakar deviendra une métropole d'équilibre, un point terminal permettant les exportations et la valorisation de la production.

Les pays riches distribuent aux pauvres que nous sommes moins de 1 % de leur PIB et ceux qui sont conscients qu'ils doivent nous aider et qui agissent se comptent sur les doigts d'une seule main.

Demain qui sait ? Nous pouvons assister à l'inversion des tendances, car nous sommes assis sur des matières que nous envient les nations nanties. La Chine, l'Inde et le Japon sont conscients que demain ce sera très tard. Ils lancent déjà les relents d'une coopération tous azimuts et veulent se positionner avant qu'il ne soit trop tard dans ce monde qui bouge.

Quand les vraies motivations, les pulsions réelles des populations sont ignorées systématiquement, aucun effort caractérisant un progrès en la matière ne saurait être enregistré. C'est ce que nous avons observé entre les deux premières décennies de notre souveraineté internationale.

Les anciennes monographies réalisées par les CER et les élèves de l'École Nationale d'Économie Appliquée sont restées dans les tiroirs et n'ont jamais servi comme base de référence aux changements pour un développement réel. Dans les nouvelles communes, de telles études devraient être reprises pour mieux appréhender les vrais problèmes.

L'École Nationale d'Économie appliquée doit créer une nouvelle section chargée de former les techniciens spécialisés en matière de planification et d'aménagement des collectivités territoriales. Rares sont les communes qui disposent de programmes à moins et long termes inscrits dans une plateforme planifiée capable de promouvoir le développement.

Les collectivités territoriales pensent que les projets et programmes doivent s'inscrire dans leur budget.

L'ignorance des orientations du PSE et l'adéquation de leurs orientations stratégiques de base constituent des failles qu'il convient de corriger pour la dynamique et l'équité territoriales.

SITUATION ACTUELLE DE L'ESPACE TERRITORIAL

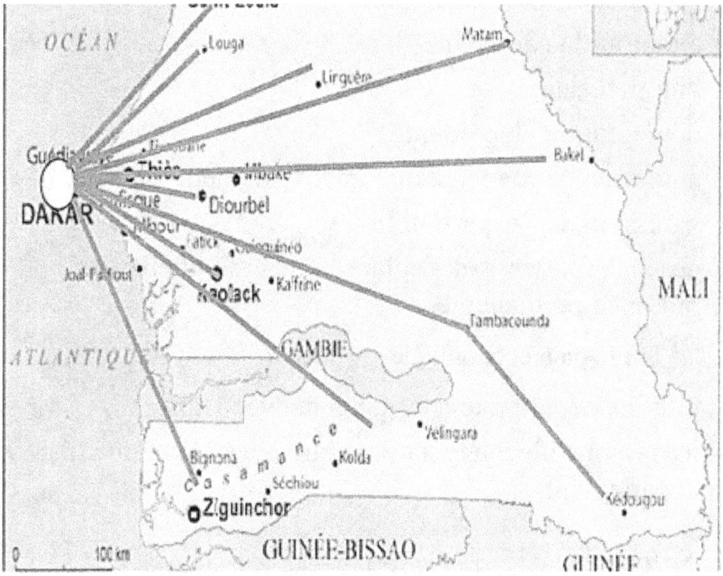

Les régions et départements échangent avec Dakar, mais n'échangent pas entre eux.

Conséquences

- disparités spatiales,
- naissance d'une macrocéphalie à Dakar : sur 0,30 % du territoire sont implantées les structures essentielles de l'économie nationale (administration, industrie, commerce, santé, éducation, culture et politique).

  Situation actuelle : 210 km²

Dakar : + de 75 % des infrastructures utilitaires telles que :

- Économie
- Santé – Éducation
- Loisirs – Culture

Conséquences

Sur le plan environnemental

- exode de la campagne
- bidonvilisation
- démographie débordante
- agression permanente de l'environnement
- agression de l'espace utile
- absence d'artères de déplacement, embouteillages, nuisance permanente.

Sur le plan économique

- tous les départements échangent avec Dakar,
- les régions n'échangent par entre elles, de même que les départements.

Solutions

Il faut un autre développement basé sur :

- la réforme des structures de l'aménagement du territoire ;
- la territorialisation des politiques publiques a besoin d'un espace polaire, d'une gouvernance de développement réunissant les compétences et les moyens tirés des potentialités de nos campagnes.

La multiplicité des régions a montré ses limites, parce qu'incapable de devenir un niveau pertinent de prise de décision dans le concept de la double planification telle qu'annoncée par le Plan Sénégal Émergent (PSE).

Un autre développement impose un redimensionnement du territoire et une lutte contre la macrocéphalie constatée à Dakar, et si aucune solution n'est apportée, cela risque de créer une situation de non-retour.

Le constat est que :

- Diamniadio ne saurait être une solution seule ;
- les infrastructures qui y sont créées ne font qu'accentuer la situation si une zone de contrepoids n'est pas créée ;
- avec la nouvelle desserte Dakar – Saint-Louis sur le littoral Atlantique, la zone de Mekhé – Loumpoul – Kébémer peut créer une zone de contrepoids pour Dakar avec l'installation de nouveaux programmes liés à l'évolution gazière et pétrolière du Sénégal.

Il faut nécessairement un autre développement dont l'acte III constituera la dynamique révolutionnaire.

Le littoral Atlantique constitue l'épine dorsale de l'évolution spatiale du Sénégal.

Le Sénégal est un espace qui doit être aménagé dans une vision d'équité territoriale où toutes les parties doivent être mobilisées et bénéficier des infrastructures routières et autoroutières (de Dakar à Matam) en passant par le littoral. La ville de Mekhé et le centre de Loumpoul doivent être redynamisés.

Diamniadio est compris dans l'espace dakarois et ne saurait jouer un rôle de contrepoids. Il favorise la naissance d'une métropole.

Demain, la desserte favorisée par l'autoroute Atlantique pourrait relier Dakar, Louga, Saint-Louis et Matam. La macrocéphalie qui mine Dakar ne pourrait être enrayée que par la création d'une zone de contrepoids destinée à recevoir des infrastructures (entreprises, ministères, universités des métiers et infrastructures sportives).

Observations

Si les schémas observés depuis plus de cinq décennies ont connu des failles dans leur évolution, cela est dû à une gouvernance trop dépendante du schéma institutionnel colonial. Le commandement territorial continue encore à jouer un rôle négatif à côté des autorités élues au suffrage universel. Dans le schéma alternatif que nous proposons, la région administrative, devenue circonscription regroupant l'ensemble des services déconcentrés de l'État, placés sous le contrôle des représentants de l'État, va s'ouvrir aux possibilités que lui offre l'acte III et pourrait jouer un rôle révolutionnaire dans la nouvelle gouvernance institutionnelle.

S'il faut dépasser la région qui depuis plusieurs décennies n'a pas évolué, la nouvelle réforme territoriale que nous impose l'acte III va partir de ce que nous appelons gouvernance dans le schéma alternatif.

Cette institution doit mobiliser, fédérer les compétences dans la dynamique évolutive du développement durable.

Il reste à définir le schéma alternatif capable de prendre en considération la situation actuelle et les opportunités que nous offre la communalisation. Faut-il supprimer la région et adopter un développement polaire dans la vision de la territorialisation des politiques publiques ? Oui.

Quelle structure pour une gouvernance du développement polaire dans le cadre du respect des normes basées sur la légalité des actes ?

Quel rôle le représentant de l'État doit jouer au sein de cette gouvernance ?

Pour répondre à ces questions, il faut partir d'une nouvelle réforme territoriale allant dans le sens de :

- la suppression des régions ;
- la réduction des communes ;
- la création des communautés urbaines au niveau des pôles ;
- la création de six concentrations polycentriques modérées Nord – Sud – Est – Ouest ;

- la transformation de certains départements en pôles relais ;
- la définition du rôle des représentants de l'État au sein des nouvelles gouvernances ;
- l'orientation du rôle du haut Conseil des collectivités territoriales, qui devra se réunir annuellement avec les pôles, les communes et les départements pour discuter sur des thèmes majeurs en tenant compte de la grande expérience des membres.

Ainsi, les velléités autonomistes auxquelles nous pourrons assister seront enrayées, car l'exécution des lois et règlements sera la mission des services judiciaires régionaux, entre autres missions.

Socle du développement dans l'univers de l'acte III, la commune doit répondre aux attentes des structures de base (sections villageoises des coopératives, ASC, *dahiras* et regroupements de jeunes). Le département, devenu collectivité territoriale, disposant d'un Conseil organe élu, devrait avoir pour mission d'intégrer des projets et programmes des autres structures.

Le Plan National d'Aménagement du Territoire (PNAT) doit prendre en charge la nouvelle configuration de la région de Dakar. Les observations faites supra sur la macrocéphalie observée avant le PSE ne doivent pas demeurer.

Diamniadio ne pourrait jouer un rôle de contrepoids pour Dakar. C'est spatialement impossible. Dakar constitue 0,30 % du territoire national et ne pourrait compter de nouvelles structures qui pourraient attirer encore du monde, ni de nouveaux espaces qui risquent de créer une situation de non-retour sur l'équilibre spatial (Diamniadio, l'aéroport Blaise Diagne) et les structures ministérielles nouvellement créées, constituent des occasions pour que Dakar devienne la métropole tant souhaitée.

L'évolution créée par le PSE doit être ressentie sur l'étendue du Sénégal dans une dynamique quotidienne d'évolution que ressentira chaque Sénégalais là où il se trouvera.

CHAPITRE 7

L'ACTE III ET L'ÉQUITÉ SOCIALE

Réduire et enrayer définitivement les disparités entre les villes et la campagne, c'est d'abord et essentiellement s'engager sur la voie de la communalisation universelle. C'est améliorer le cadre de vie et l'accès aux services sociaux de base en faveur des populations (éducation, formation, santé) en rapport avec les collectivités décentralisées). L'insertion des femmes et des jeunes dans les activités agro-sylvo-pastorales et l'accès au financement constituent des actes à encourager. La mobilisation d'une partie des éléments de l'armée nationale pour l'encadrement de la jeunesse dans les domaines agricoles permettra de solutionner la présence inutile des jeunes sans emploi aux abords des villes et des centres urbains. Privilégier la mise en place des structures de formation aux métiers agricoles à travers des universités de métiers, des collèges d'agriculture, d'artisanat, de la pêche et de l'aquaculture est une nécessité. Le retour à la terre pour l'exploitation de la vallée du fleuve de la Casamance, du Sine Saloum, des terres, des Niayes et du bassin agricole, sera la voie pour le développement de la jeunesse, force vive qui constitue le moteur de l'émergence du Sénégal.

Il convient de rendre la terre aux organisations paysannes à partir de leurs regroupements appuyés en cela par les projets du PUDC et les domaines agricoles. Ainsi, les espoirs placés en notre jeunesse ne seront pas vains.

La transmissibilité successorale des terres peut être le support d'un développement durable et garantir aux actifs du monde rural les liens solides qui les lient à la terre.

Les communes peuvent trouver des sources de recettes abondantes dans les loumas, à condition de s'occuper de leur modernisation et de leur organisation en rapport avec les services publics déconcentrés au niveau des pôles relais.

S'agissant des zones de parcours du bétail, les zones protégées devront faire l'objet de contrôle efficace afin qu'aucun abattage d'arbre ne se fasse au détriment de la sauvegarde de l'écosystème.

L'État devra veiller à l'utilisation, à l'organisation et à la gestion des ressources hydrauliques en rapport avec les nouvelles communes et les services chargés de l'Environnement.

Sans être nostalgique, nous proposons aux autorités de notre pays de mettre en place des cellules d'éveil animées par des acteurs maîtrisant le cheminement de l'acte III et du PSE pour aller parcourir les terroirs, les quartiers et les entreprises afin de susciter la participation de tous au succès de la nouvelle vision nationale. Il faut animer les populations par des rencontres avec les techniciens. Le retour aux séminaires des cadres intermédiaires réunissant les agents de l'État, les organisations paysannes, les femmes et les jeunes, permettra l'éveil de la conscience collective.

Ce sera l'ère d'un « despotisme éclairé », véritable stimulant d'un développement participatif et durable.

Le commissaire du gouvernement siègera au niveau de la nouvelle Gouvernance où les services déconcentrés assisteront techniquement les institutions de base sous forme de contrat. Il supervisera les programmes et les plans sans y exercer une tutelle quelconque. La gouvernance sera, dans le schéma de l'acte III, un lieu qui regroupera toutes les compétences pour l'assistance de groupements paysans.

La naissance des zones à grandes agglomérations et des résidences est le fruit d'un aménagement du territoire polaire qui évolue en permanence dans une dynamique de concentration pour atteindre le territoire national et même au-delà, par la voie du NEPAD (intégration africaine), dans la vision d'une justice sociale.

Le Plan Sénégalais de l'Émergence n'est rien qu'un plan de développement économique contenant en son sein une programmation basée sur les moyens à long terme portant une grappe de projets réalisables et ayant des effets directs sur la croissance et le développement.

La situation actuelle, créée par la communalisation universelle, devrait être revue. Il s'agit de la prolifération de communes incapables de se prendre en charge budgétairement ; des communes formées à partir d'une agglomération de villages dispersés dans l'espace et sans lien physique permettant leur organisation en véritables communes. Pensons à la création de nouvelles villes pour réduire les villages isolés, sans équipements adéquats.

Au Sénégal, le plan est sans date butoir qui obéit à des actions qui se déroulent sur le moyen terme. La planification continue exige l'adéquation PSE-budget consolidé, PRDI et plan des collectivités décentralisées. Il faut une action concrète entre techniciens et hommes politiques.

Les communes, les Conseils départementaux et les pôles qui constituent des structures d'appui à l'acte III et au PSE doivent éviter d'évoluer hors de leur ligne d'action. Il est observé au niveau des structures décentralisées des pratiques quotidiennes qui n'ont rien de positif avec le concept d'un autre développement. Au niveau de la circonscription, animée par les services d'assistance sous la supervision des gouverneurs et préfets, il s'agit de l'absence de coordination interservices.

Il est observé au niveau des grandes villes des exemples d'utilisation des jeunes non conformes à la logique du développement. L'exercice d'emplois fictifs dans les communes doit être dénoncé et arrêté.

Il suffit d'observer quotidiennement, aux abords des centres urbains, notamment à Dakar, des masses de jeunes dans la force de l'âge, sans aucune qualification, cherchant désespérément à s'insérer dans le circuit productif. Ils peuvent être évalués à plusieurs centaines de milliers à Dakar entre le Plateau et la sortie de la ville. Ils sont dans les grandes artères, au niveau des stations, des parkings, des gares, des marchés. Dans cette masse de jeunes figure malheureusement un groupe vulnérable s'adonnant à des pratiques non recommandables et qui finissent mal.

Un exemple de gaspillage des forces vives est observé sur les grandes artères des villes. Des jeunes occupés à ne rien faire aux abords des villes n'est pas une scène agréable à voir.

Une armée de jeunes munis de balais, de râteaux et de pelles, chargés de nettoyer les grandes artères sur une longueur de moins de 100 mètres. Les tas de sable et d'ordure sont simplement enlevés et placés sur le rebord des trottoirs. Ces tas d'ordures sont abandonnés sans être enlevés. Ces mêmes jeunes les retrouveront le lendemain aux mêmes lieux et agiront de la même façon. Cette sorte de gaspillage des forces vives est condamnable, parce que n'apportant rien à l'économie nationale.

Voilà les scènes que nous observons quotidiennement et qui heurtent la conscience de l'observateur averti.

Ainsi, nos communes, pour satisfaire un électorat, investissent inutilement pour rémunérer un travail improductif qui encourage une misère qu'on ne peut décrire. Il faut dépasser la sinécure et mobiliser la jeunesse dans son véritable rôle, seule façon de freiner l'exode vers l'Europe, avec ses conséquences douloureuses.

La jeunesse a besoin d'être prise en charge dans les centres de formation pour occuper des emplois productifs dans le cadre du Plan d'urgence pour le développement communautaire et les domaines d'actions communautaires.

La communalisation universelle et la création des pôles constituent des innovations qui ont des exigences qu'il convient de satisfaire, à savoir :

- la création, à l'entrée de chaque ville, d'un verger urbain pour la culture de légumes et de fruits appartenant aux communes ; ce serait l'ouverture vers l'économie solidaire ;
- le réaménagement de l'espace à partir du remembrement des zones rurales par la transformation des hameaux et gros villages en villes et centres évolutifs ;
- la construction de routes, de pistes et d'équipements sociaux reliant les zones ;
- la création de nouvelles communes capables de se prendre en charge dans le respect de la vision des opportunités de l'acte III.

Les fermes agricoles réalisées à travers le pays et les programmes d'urgence pour le développement communautaire constituent autant d'opportunités que le Sénégal devrait saisir pour permettre aux organisations paysannes de s'épanouir dans l'optique d'un autre développement.

Le ministère chargé des Collectivités locales, de la Gouvernance, et du Développement devrait, à l'instar de l'ancienne animation rurale et de l'expansion, réfléchir à un programme de sensibilisation et de formation des cadres et des élus à tous les niveaux de l'architecture du développement.

Le développement durable reste le socle d'un autre développement dans l'optique de l'économie verte, c'est-à-dire la mobilisation de la synergie solaire et des ressources naturelles disponibles dans nos sols, sous-sols et nos eaux.

L'Afrique reste un continent d'avenir, possédant les ressources rares qui font l'objet de convoitise incitant les nations industrielles à proposer, dans le cadre de la coopération internationale, des projets et programmes communs.

La voie du développement de l'Afrique ne s'inscrit pas dans une mondialisation débridée où les nations riches à cours de matières premières proposent des solutions alternatives non conformes à nos visions. Fédérons nos options pour une Afrique qui s'impose et qui dicte ses principes dans des échanges gagnant-gagnant. Cela impose la création d'instituts de recherche, de centres de formation technique et d'universités de métiers grâce auxquels notre jeunesse va jouer un rôle éminent dans le cadre d'un développement durable capable de faire de notre continent un partenaire respecté et écouté.

L'équité sociale que l'acte III doit chercher se rapporte à l'évolution des structures existantes. Elle vise aussi la liberté des acteurs dans la prise de décision chaque fois que de besoin.

Le Sénégal est passé du concept basé sur une ossature partant du terroir à la région sans volonté d'intégration et de coordination, vers un schéma qui tire sa réalité de la communalisation universelle basée sur les quartiers, les communes et les départements. C'est le soubassement du schéma alternatif que nous proposons.

Tous les schémas mis en place depuis l'indépendance n'ont pas permis de dégager des structures pertinentes pour un développement participatif, durable et autocentré. Il faut des institutions de base fortes, équipées, encadrées et adaptées à l'univers de l'acte III. Des structures dirigées par des responsables qui n'auraient d'autres tâches que celles liées à leurs structures pour appréhender quotidiennement les problèmes de leurs populations et les aider à les résoudre.

En 1972, la réforme qui semblait résoudre toute la problématique du développement a été confrontée à des paradoxes à la fois juridiques et administratifs : le statut de la région, du département et de la commune. Aujourd'hui, l'acte III semble être la panacée pour corriger les failles d'une décentralisation inachevée.

La réforme de 1996 semblait être la bouée de sauvetage en faisant des Départements des personnalités morales de droit public. Les présidents de Conseil, les maires, devenus ordonnateurs de leur budget, vont présenter des bilans de l'exécution de leurs programmes sous l'œil vigilant des représentants de l'État.

L'acte III, intervenu au moment où le département est devenu une collectivité territoriale, impose l'organisation des Assises de la décentralisation dont la base de réflexion pourrait être recherchée à partir de la loi agro-sylvo-pastorale (voir annexes).

Comment faire pour que les institutions, dans la dynamique d'un développement durable, arrivent à changer l'architecture d'un schéma bloqué ? Il fallait observer les échecs des réformes, leurs causes. Le tout semblait se situer dans la prédominance des politiques centralisatrices et du pilotage à vue sur un espace mal maîtrisé où les disparités n'ont été que des contraintes graves. Il faut éviter que les élus n'œuvrent que pour leur département. Ils doivent avoir une vision territoriale dans l'harmonie et la cohérence globale du Sénégal.

Il faut que les plans d'aménagement de l'espace traduisent le choix concerté à travers les structures. Une telle politique a besoin de moyens conséquents tirés de la diversification de la production, de la gestion efficace des terres de culture. Il ne suffit pas de porter les projets et les programmes en bandoulière et de parcourir le monde à la recherche de bailleurs, de partenaires qui, après avoir signé les protocoles, ne reçoivent en échange que des danses et des chants.

La création de pôles doit permettre de réduire les disparités entre les pôles et les départements. Il faut créer des lieux centraux qui évolueront vers un contrepoids. Ceci pourrait être envisagé dans les Niayes, dans l'axe Thiès-Saint-Louis, si nous voulons éviter la macrocéphalie vécue à Dakar avec ses effets néfastes.

La base d'un autre développement serait la commune, le département, élu au suffrage universel, et le pôle lieu de concentration polycentrique. Le fonctionnement des pôles devrait permettre la naissance d'une nouvelle fiscalité au profit des communes et des départements.

La combinaison du budget consolidé d'investissement du Programme triennal d'investissement public (PTIP), mise en adéquation avec les plans polaires de développement, pourrait ouvrir la voie à un développement autocentré. Il suffit d'y réfléchir…

Les communes réaliseront leur plan dans l'optique d'un schéma de planification qui tienne compte des orientations du PSE. Il me semble, à l'heure actuelle, que chaque commune veut réaliser son plan de développement hors des normes techniques permettant un développement harmonieux et équilibré. Les orientations et stratégies du PSE doivent être la base de toutes les décisions de développement.

L'acte III n'est rien d'autre que l'évolution des différentes réformes depuis celle issue de la loi du 13 janvier 1960. En visant la communalisation intégrale, il ouvre la voie de la démocratie dans les structures décentralisées et permet d'enrayer définitivement la décriminalisation entre villes et campagnes.

Au lieu de CRD, il faut des comités de développement installés aux gouvernances, qui traitent des thèmes réalistes liés au développement.

L'acte III adossé au schéma de l'aménagement spatial, permet de maîtriser l'espace à partir de certains projets phares formant l'ossature des programmes. Toute stratégie de réduction des disparités inter et intrarégionales constitue le soubassement d'un développement équilibré de l'espace national.

Il faut systématiser la carte du développement équilibré du territoire pour éviter de créer une situation de non-retour favorisée par le déplacement désordonné des populations à côté des grands projets mal localisés.

Le développement équilibré sur l'étendue du territoire ne peut se réaliser que par la combinaison des objectifs du schéma de l'aménagement du territoire et ceux de la planification afin d'enrayer les disparités spatiales et pour le respect des dispositions du Code de l'urbanisme (respect des visas de localisation sur l'ensemble des pôles de développement).

L'École Nationale d'Économie Appliquée et les autres grandes écoles telles l'ENA, l'École des cadres ruraux de Bambey, les Facultés formant des étudiants en gestion, en sociologie, devraient subir de profondes réformes dans leurs programmes et leur orientation en fonction des besoins immédiats et futurs.

L'équité territoriale aura pour base la réalisation des projets et programmes planifiés sur l'étendue du Sénégal. Elle peut à présent se réaliser car le Département a un territoire.

La région va devenir fictive comme jadis les départements qui, pendant longtemps, n'ont été que des niveaux factices de commandement.

L'acte III ouvre les opportunités pour la création, au niveau des pôles relais, de petites industries de transformation. Il ouvre la voie à la création des communautés urbaines et de nouvelles villes capables de jouer un rôle de contrepoids face à Dakar.

La suppression des régions et leur remplacement par des départements aurait été plus pertinent si les autorités optaient pour la création des communautés urbaines au sein des pôles dans le concept de la mise en place des concentrations polycentriques.

Le Sénégal, avec le schéma que nous proposons, tiré de l'analyse de l'évolution de l'Acte III produira, nous sommes persuadés, une métropole (Dakar) des pôles et des pôles relais, des Communautés urbaines fortes dans une dynamique conduisant vers un développement durable, véritable support de l'émergence dans un véritable État de droit.

CHAPITRE 8

TERRITORIALISATION DES POLITIQUES PUBLIQUES

La territorialisation des politiques publiques a besoin d'un espace qui ne serait pas la région. Elle a besoin d'un lieu de concentration des activités. Le schéma polycentrique sera porteur de croissance par :

- la diversité de la production ;
- la valorisation des échanges ;
- la transformation et la création d'emplois sur place ;
- la création de voies de communication entre les différents pôles.

L'ambiance propice d'un développement endogène et autocentré évoluera vers le département, personne morale de droit public, disposant des atouts essentiels de sa dynamique, doté d'une Assemblée ou d'un Conseil élu au suffrage universel et capable, dans un élan communautaire, d'engager des changements significatifs en matière de développement participatif.

Les communes et les quartiers dotés d'organes de prise de décisions et propositions de projets et programmes permettraient la réalisation de plans communaux qui intégreraient les plans polaires de développement.

Aujourd'hui, le Sénégal aspire à une nouvelle structuration basée non pas sur les régions, mais sur les départements, les communes, les pôles, et qui évolue vers une concentration polycentrique.

La communalisation universelle à travers l'Acte III de la décentralisation change la structuration territoriale (pôles, départements, communes). Une telle option impose la territorialisation des politiques publiques et la réduction des disparités inter et intrarégionales tel que nous l'avions observé et dont les conséquences socio-économiques ont eu des effets négatifs sur le développement économique et social.

Allons-nous vers un territoire sans régions, animé par un schéma polaire structuré s'appuyant sur les communes et les départements ? C'est cette logique territoriale à laquelle le Sénégal aspire par la communalisation intégrale. Posons-nous les questions suivantes :

I. Que devient la région ?

Elle pourrait rester une simple circonscription administrative, animée par les services déconcentrés de l'État qui y exerceront une assistance technique en faveur des structures décentralisées. Les gouverneurs et les préfets assureront la coordination des actions et le contrôle de la légalité sans gêner la marche des structures. Ils s'appuieront sur les organes judiciaires déconcentrés pour contrôler la marche des nouvelles structures.

Le pôle Mekhé-Lompoul sur le littoral Atlantique, devrait pouvoir jouer un rôle de contrepoids pour Dakar et éviter l'évolution de la macrocéphalie conduisant vers une situation de non-retour, capable de compromettre les acquis de l'émergence.

Le pôle Mekhé-Lompoul doit pouvoir jouer un rôle complémentaire pour éviter que Dakar continue à peser trop lourd dans l'espace national. Diamniadio ne doit pas être l'excroissance de Dakar. La macrocéphalie à laquelle le développement de Dakar a abouti ne doit pas être observée à Diamniadio. Le développement régional au Sénégal sera basé sur la territorialisation des politiques publiques, c'est-à-dire sur l'équilibre spatial se traduisant par la réalisation des pôles émergents au nord, au sud, au centre, à l'est à l'ouest.

Diamniadio et le pôle Casamance doivent constituer des contrepoids efficaces à la capitale, Dakar. Chaque pôle devrait être le lieu de délocalisation des services, entreprises et départements ministériels (Agriculture, Environnement et Protection de la nature, Pêche, Équipement). Diamniadio ne saurait être un pôle, c'est une zone complémentaire de Dakar.

Dakar, capitale économique, sera le siège du port, de l'aéroport international, de l'Université, des grandes entreprises multinationales, des ministères souverains et de la Primature, des institutions diplomatiques, etc. Les autres pôles pourraient recevoir des structures à vocation nationale et internationale.

La création des pôles devrait faciliter la mobilité au niveau du Sénégal grâce aux autoroutes et aux artères à grande circulation reliant les grandes villes et facilitant les échanges interpolaires. Ce sera une nouvelle dynamique capable de mobiliser les actifs de tous les secteurs du développement. Les producteurs actifs de l'intérieur se déplaceront plus facilement dans le cadre des échanges interrégionaux.

Un tel territoire doit dépasser le système d'administration que le Sénégal a connu et exercé depuis la période coloniale. Le nouveau schéma sera mû par des structures décentralisées, issues du suffrage universel, animées et administrées par des maires, des présidents de Conseil départemental et des directeurs de pôle urbain. La dynamique essentielle sera basée sur la réalisation des programmes public-privé. Les entreprises privées au sein des pôles vont réaliser de grands projets liés au partenariat.

Les fonctionnaires du commandement auront une autre mission que celle de commander. Leur mission en qualité de représentants de l'État va se situer au niveau du contrôle de la légalité et de la coordination des projets et programmes, loin de la tutelle. Il faut une administration de développement dynamique concertée. Le Plan Sénégal Émergent est une orientation stratégique qui sous-tend le Plan national de développement économique et social dans sa stratégie spécifique de changement à laquelle aspire chaque Sénégalais. Un ministre dans le concept de la territorialisation ne saurait cumuler ses fonctions avec celle d'un maire ou président de Département.

II. Quelle administration pour le développement ?

En analysant le premier discours du Président Abdou Diouf en 1992 devant les cadres du parti socialiste sur la décentralisation, le professeur J. M. Nzouankeu note « que les enjeux de la politique pour l'équilibre de la nation sont tels qu'il ne suffit pas de saluer la volonté politique ainsi exprimée, mais d'éviter qu'elle ne soit qu'une décentralisation de façade. Il est du devoir de chacun dans le cadre de ses compétences et de ses responsabilités d'entreprendre une réflexion poussée, car la décentralisation ne sera viable que si elle est le fruit d'un vaste débat pluridisciplinaire permettant de cerner de nombreuses facettes et dimensions des problèmes complexes qu'implique sa mise en œuvre »[8].

Il ne suffit pas de constituer des caravanes contestataires pour s'opposer à l'acte III parce qu'il va empêcher des travailleurs de perdre leur emploi et aux communes de perdre leurs privilèges au profit des départements. L'acte III doit être l'acte salvateur, permettant l'ouverture vers une véritable gouvernance du développement.

Poser ainsi la problématique, c'est ignorer l'importance de l'acte III, qui n'est rien d'autre que l'évolution d'un processus qui a pris effet depuis l'aube de notre souveraineté internationale en 1960. De sept régions, le Sénégal est arrivé à 14 régions de nos jours. Faut-il continuer à évoluer par une volonté permanente de charcuter le territoire pour répondre à des préoccupations qui aboutissent à la macrocéphalie de la région de Dakar avec ses conséquences sociopolitiques graves, ou faut-il évoluer vers un nouvel équilibre spatial, permettant aux populations de se sentir beaucoup plus près des lieux de prises de décision ?

La volonté politique exprimée par les nouvelles autorités n'est rien d'autre que le résultat d'un système évolutif vers l'unité territoriale par l'implantation des projets et programmes sur l'étendue du pays.

Au niveau du pôle, au lieu d'un gouverneur, un haut fonctionnaire (une sorte de haut-commissaire) va assurer le contrôle de la légalité des actes. Il supervisera les services déconcentrés de l'État au niveau d'une circonscription administrative qu'on pourrait appeler Gouvernance. Au sein de cette circonscription, il y aura aussi une institution judiciaire autonome pour les recours. Sans qu'aucun

---

[8] Texte conférence du Pr J. M. Zouankeu.

bouleversement institutionnel ne se produise, le maire gère sa commune ; le président du Conseil départemental ne saurait sous cet empire être le chef hiérarchique du maire quoiqu'il réalise des projets, programmes au sein d'un plan qui tire sa stratégie des plans polaires.

Ce que nous avançons ici n'est que théorique, tiré d'une expérience basée sur les réformes successives que le Sénégal a connues. Ceci découle d'une logique émanant des effets positifs de l'acte III de la décentralisation.

Institutions décentralisées, les communes peuvent se constituer en communautés urbaines au sein des pôles de développement pour réaliser des projets et programmes émergents inscrits au Plan triennal d'investissements publics départementalisé.

On pourrait créer, compte tenu de leur taille et de leur revenu fiscal, des communes à statut spécial situées au niveau des villes, centres, capitales, appelées, à l'instar de Diamniadio, à créer par leur dynamisme des contrepoids dans l'évolution nationale. L'autogestion communale n'exclut pas la réalisation sous forme contractuelle en rapport avec les services déconcentrés, des programmes et projets inscrits dans les divers plans communaux gérés par les communes et les Conseils départementaux. Dans ce cas, le fonctionnaire (haut-commissaire) du gouvernement sera seul habilité à contresigner ces contrats avec les directeurs de pôles, les présidents de Conseil Départemental et les maires sous l'œil vigilant de l'organe judiciaire déconcentré.

L'acte III va permettre de surmonter les paradoxes dont le plus criant était la suprématie du gouverneur (fonctionnaire) sur les maires et présidents de Conseil régional élus au suffrage universel et qui depuis plus d'un demi-siècle n'ont fait qu'inaugurer les chrysanthèmes.

L'évolution de la commune et du département ne doit nullement suivre le schéma classique de leurs ancêtres français issus de la révolution de 1789. Si la France part du département vers la région, nos réalités sociologiques exigent que le Sénégal parte de la région vers le département qui, pendant longtemps, est resté un niveau factice de commandement territorial. Le département est un centre dynamique mobilisant des rationalités de base au niveau desquelles les citoyens sénégalais assument leur participation aux réalités d'un développement durable et porteur de progrès.

Les hôtels des gouverneurs et des préfets devraient devenir les sièges des pouvoirs locaux. La gouvernance sera le siège de l'administration du pôle si l'ancienne capitale devient un pôle. La préfecture serait le siège du Conseil départemental. C'est la base de la révolution de l'acte III. Il s'agit de transformer le commandement territorial en administration de développement ouverte à la réception des rationalités par un développement basé sur une gouvernance inclusive capable de créer l'autodynamisme sans lequel aucun développement durable n'est possible. Le Conseil départemental va associer les communes et les groupements de la société civile dans la programmation et l'exécution des projets et programmes. Le secteur privé trouve ici l'occasion d'intégrer les réalités du développement durable. Le dynamisme du secteur privé national à côté des entreprises étrangères pourrait sous-tendre le développement durable que nous attendons.

Le président du Conseil départemental est la clé de voûte de la révolution de l'acte III. Le pouvoir exécutif exercé par les autorités décentralisées doit être souple sous le contrôle des organismes de contrôle de la légalité.

Le transfert de compétences au niveau des collectivités décentralisées va entraîner de larges mouvements de personnel et même leur redéploiement au sein des structures nouvelles. Il faut des cadres communaux bien formés, compétents et motivés à tous les niveaux.

Il a été observé, avant l'acte III, que neuf compétences étaient transférées dans les régions. Il est urgent, avec l'acte III, de revoir les normes du transfert des compétences nouvelles ainsi que les moyens appropriés afin que cela ne soit pas seulement un vœu pieux. Il faut une réelle volonté politique permettant aux collectivités décentralisées de jouer leur rôle dans l'émergence de la nation. Les citoyens des collectivités décentralisées doivent avoir un comportement nouveau, car le développement ne se fera qu'avec leur concours avant de solliciter des moyens exclusifs. La collaboration États-collectivités décentralisées doit transcender les considérations politiciennes pour devenir le soubassement d'un État fort capable de compter sur lui-même avant de s'ouvrir aux autres. La gouvernance du développement, dans cette nouvelle dynamique, aura besoin des meilleures compétences techniques au sein des nouvelles institutions déconcentrées et décentralisées.

Des cadres compétents exerceront des responsabilités en rapport avec les nouveaux acteurs politiques qui animeront les institutions.

Le ressort territorial des communes devra s'imbriquer dans celui des départements sans hiérarchie, sachant que les acteurs ont été élus au suffrage universel.

Il faut restructurer les villages au lieu d'en faire des quartiers éloignés les uns des autres. Les communes créées disposeront de moyens pour s'autogérer.

Les pôles relais dotés de moyens adéquats atténuerait les effets néfastes de la polarisation excessive.

La gestion des affaires locales doit imposer une proximité au sein des institutions de base. L'administration doit cesser d'être une simple administration administrante pour s'ouvrir vers le développement.

La territorialisation doit disposer des atouts de sa dynamique dans une activité transversale, mobilisatrice, ayant une influence à la fois sur les services déconcentrés de l'État, sur les nouvelles communes et sur les conseillers élus au suffrage universel.

Les anciennes structures de base que sont les CERP et les CAR (centres d'expansion rurale et centres d'animation rurale) doivent être revigorées et placées sous la responsabilité du ministère des Collectivités décentralisées.

Ces structures au ras du sol devront être animées par des cadres compétents et motivés pour assister les Conseils de quartiers et les associations au niveau des coopératives.

Les Directions de la planification, de l'aménagement du territoire, de la statistique et de l'urbanisme doivent en permanence, se concentrer en rapport avec les communes et les pôles pour être en adéquation avec les orientations et les stratégies du plan national de développement économique et social (PSE). Il faut une réforme de l'Administration mettant en harmonie les services appelés à accomplir une mission concertée de développement.

CHAPITRE 9

QUEL SYSTÈME DE PLANIFICATION DANS LES COLLECTIVITÉS LOCALES ?

Sans entrer dans les détails techniques, il convient d'analyser les outils et les concepts issus du nouveau système de planification : une planification continue sans date butoir, mue par des outils et concepts capables de produire des résultats satisfaisants.

Nous avons constaté que les communes, même si elles disposent d'un plan, se réfèrent à l'exécution de leur budget, qui a une fréquence annuelle. Il est nécessaire de rappeler que la planification est un exercice d'anticipation portant sur une période définie (programme pluriannuel) et comportant plusieurs budgets. Les difficultés pour les communes de réaliser l'adéquation budget-plan sont à la base des échecs constatés à leur niveau.

Le budget est l'expression d'une programmation annuelle et le plan, celle d'une programmation pluriannuelle. Il peut arriver qu'un projet s'étende sur plusieurs années. Chaque tranche annuelle doit être inscrite dans le budget ainsi que les soldes constatés au terme du budget et doit faire l'objet d'une étude permettant le transfert au budget suivant dans le cadre d'une parfaite adéquation. La réalisation d'un hôpital ou d'un lycée dépasse quelquefois la durée d'une année budgétaire.

Le terme « anticipation » qui sous-tend la marche du plan doit également être en cohérence avec les inscriptions budgétaires déjà votées par les communes et qui constituent des dépenses obligatoires. La programmation pluriannuelle impose l'adéquation budget-plan.

Si au niveau macro-économique, le budget consolidé des investissements constitue la base des projets phares inscrits au PSE, il est aussi celle de la mise en adéquation pendant les votes budgétaires à l'Assemblée nationale.

Le programme triennal des investissements publics doit constituer la soupape de transmission et être ramifié jusqu'au niveau des collectivités décentralisées. Les plans des pôles et les plans communaux et départementaux doivent tirer leur soubassement du PSE.

Il s'agit d'une technique de territorialisation des politiques publiques. Il faut éviter que la démarche planificatrice des collectivités de base (pôles, communes, départements) soit différente de celle pratiquée au niveau macro-économique. Les orientations stratégiques doivent avoir une option territoriale.

Les outils et les concepts mis en place tels que le PTIP, les nouvelles politiques, la planification spatiale ainsi que la volonté de mettre en adéquation le budget et le plan constituent des acquis qu'il convient de consolider dans l'exécution. La réduction des disparités régionales doit être la base fondamentale de la réalisation de l'équité sociale de l'acte III de la décentralisation.

La mise en place au niveau des collectivités décentralisées d'une Direction générale comprenant une Direction de la statistique et de la prévision, de même que celle de l'aménagement du territoire et de la planification) devient une nécessité. Elle sera logée dans un ministère plein, et animée par des cadres de haut niveau, motivés et équipés, au sein d'une architecture partant de la base (quartiers, aux communes, départements, pôles et métropole).

Les autorités proposent le Plan Sénégalais pour l'Émergence (PSE), qui constitue le référentiel de la politique économique et sociale. Un plan émergent en 2035 avec une société solidaire dans un État de droit. Cela ne doit pas être un simple slogan politique, mais une option qu'il convient de maintenir avec foi.

Cette vision s'appuie sur trois axes visant :

1. la transformation structurelle de l'économie par la consolidation des acquis,
2. une amélioration du niveau de vie des populations et la lutte contre les inégalités,
3. le renforcement de la sécurité pour une paix sociale dans le plein épanouissement des potentialités.

Nous devons éviter que les lignes de force qui sous-tendent cette politique ne soient qu'un coup d'épée dans l'eau.

Il est urgent de procéder au regroupement des villages pour l'aménagement des futurs centres qui seront des communes présentant toutes les commodités pour évoluer vers un urbanisme conforme à la communalisation universelle.

Schéma 2

Table de décisions pour les institutions décentralisées

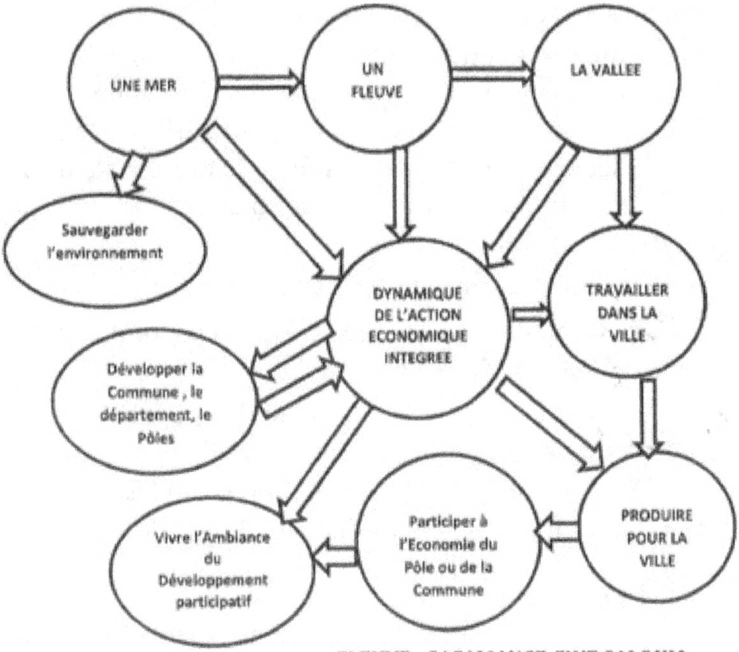

FLEUVE -CASAMANCE-SINE SALOUM

Ce schéma de la table de décisions pourrait se pratiquer dans le cadre du développement endogène. Les populations à partir des monographies qui vont être réalisées à ras du sol vont s'approprier des rationalités, c'est-à-dire des pulsions de base qu'elles ressentent et conformément à leur évolution.

Schéma 3

Proposition de schéma de développement autocentré dans l'optique de l'Acte III

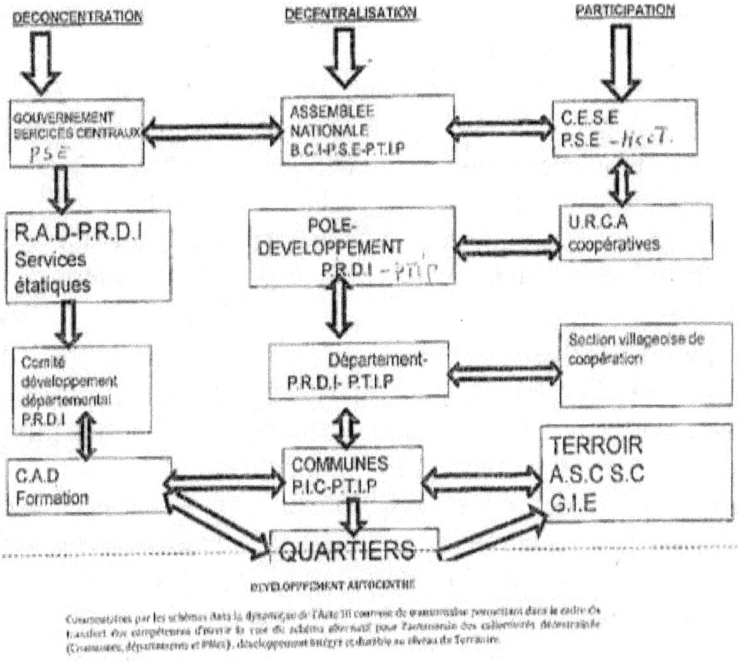

Le schéma 2 de la table de décisions pour les collectivités décentralisées doit se référer aux questions citées ci-après :

- Qui sont-ils ?
- Où sont-ils ?
- Que font-ils ?
- Combien sont-ils ?
- Comment sont-ils organisés ?
- Que veulent-ils ?
- Comment le veulent-ils ?

- Avec quels moyens ?
- Au profit de qui ?

L'abandon des monographies dans l'étude préalable de la situation économique des zones à développer et des entreprises à implanter pourrait fausser toute projection dans la réalisation des programmes.

Les schémas 2 et 3 introduisent dans la dynamique de l'intégration des orientations et stratégies du PSE, permettent l'autocentrage des programmes et l'équilibres spatial dans le concept qui vise à enrayer les déséquilibres villes-campagnes. L'ambiance du développement durable va motiver les structures et créer un espoir dans l'esprit des acteurs.

Le schéma correctif que nous venons de proposer répond à des présuppositions, parmi lesquelles la mise en place d'une monographie et d'un catalogue de rationalités définissant les contraintes permettant d'établir des orientations, des stratégies cohérentes (à l'usage des communes). Les comités consultatifs des quartiers vont tirer leur dynamique de cette option. Les comités de quartier peuvent répondre aux questions ci-dessous.

Il s'agit de la découverte des acteurs de développement dans un quartier. Le questionnaire pourrait aider à la réalisation de monographies dans les communes.

À partir de cette monographie sera réalisée l'étude socio-économique de la zone à développer. Elle permet d'appréhender :

- les vrais obstacles au développement,
- les déséquilibres,
- l'état d'enclavement,
- les potentialités.

Les communes doivent obligatoirement réaliser des plans d'investissements et présenter au terme des mandats des bilans d'actions.

L'acte 3 doit pouvoir ouvrir la voie aux Communes et Départements, vivant dans le même espace, d'unir leur stratégie pour exécuter un programme planifié. Au niveau d'un pôle ou pôle-relais, l'exploitation d'une grande superficie en riz, tomate ou légumes doit permettre la création d'une usine ou des usines de transformation capables de satisfaire la demande nationale – le slogan « produisons ce que nous consommons »

CHAPITRE 10

L'ACTE III FACE AUX ALÉAS DE LA POLARISATION DU PLAN DE DÉVELOPPEMENT

Quelles options ?

L'Acte III face à la polarisation du plan doit viser les paramètres ci-dessous

a) La communalisation intégrale
b) La création de pôles
c) Dépasser la Région
d) Créer une gouvernance

I. LA COMMUNALISATION INTÉGRALE

Il s'agira de transformer les communautés rurales en communes de plein exercice à l'instar des communes existantes et leur permettre d'évoluer dans l'optique de la prise en charge de leurs propres affaires.

La situation territoriale, avant l'acte III, présentait un ensemble de communes et de communautés rurales dont la disparité montre des structures souvent incapables de s'autodévelopper.

Marginalisées dans les programmes, les structures décentralisées n'ont pu bénéficier des avantages que leur offraient les dispositions de la réforme de 1972.

L'acte III doit poser les conditions idéales permettant la transformation des structures décentralisées en véritables communes capables de se prendre en charge avant de compter sur le partenariat extérieur.

II. La création de pôles

Il s'agit de regrouper les communes, les départements, les fermes évoluant dans une même zone. Procéder à l'analyse des potentialités et intégrer les activités et les orienter dans l'optique d'une anticipation en tenant compte des orientations globales du Plan Sénégal Émergence. Les institutions polaires vont exécuter leurs programmes spécifiques en tenant compte de la vocation spécifique de leur zone.

Les industries qui seront créées vont aider à la transformation de la production à partir d'une chaîne de valeur spécifique. Le Sénégal pourrait disposer d'usines de transformation des produits halieutiques, agricoles, d'élevage (conserves, œufs, poissons, viandes, etc.).

Les échanges interpolaires peuvent se réaliser grâce aux nouvelles artères qui vont relier les différentes zones du Sénégal. L'acte III offre de grandes possibilités pour réveiller l'ardeur des collectivités décentralisées pour un développement durable.

III. DÉPASSER LA RÉGION

L'expérience des Régions doit nous édifier sur le fait que celles-ci sont restées pendant plusieurs décennies à un niveau non pertinent de prise de décisions en matière de développement. Nous proposons, dans le cadre de l'acte III, la création d'une nouvelle structure que nous appellerons **gouvernance,** lieu de contrôle de l'exécution des programmes qui se réalisent dans une même zone.

Il s'agira d'une structure qui va regrouper, au niveau du pôle, les services déconcentrés de l'État, les entreprises privées, ainsi que les communes et départements pour réaliser les plans polaires de développement intégré.

Ce plan, en s'inspirant des stratégies et orientations du plan de l'Émergence, prendra en charge les programmes triennaux d'investissements publics déconcentrés (création d'hôpitaux, d'aéroport, de ponts, de réseaux routiers, d'entreprises de transformation des potentialités de la zone polaire).

La territorialisation des politiques publiques ne pourra se réaliser qu'à partir des pôles pour réduire les disparités spatiales. Diamniadio pourrait constituer un exemple de pôle-relais pour Dakar afin de réduire la macrocéphalie existante et qui est la source des bidonvilles et des encombrements constatés.

La véritable zone de contrepoids pour Dakar ne pourrait se réaliser qu'à partir de la zone de Mekhé-Kébémer, sur le littoral Atlantique, avec la nouvelle disserte de la VDN. Nous devons éviter la création systématique de bidonvilles aux abords des villes, lieux qui regroupent des drogués, des prostitués et qui ne font que ternir l'usage des nouvelles villes.

IV. La gouvernance

Il s'agira d'une nouvelle structure calquée sur l'ancienne région et ayant un rôle à la fois intelligent, juridique et économique et regroupant tout ce que la zone considérée compte de moyens (humains, économiques, politiques, techniques) pour le suivi et l'exécution du Programme triennal d'investissements publics.

Cette nouvelle structure issue de la réforme souhaitée sera un véritable outil de la territorialisation des politiques publiques.

Quand on observe l'évolution des faits dans le concept émergent, on a tendance à marginaliser les outils et les concepts de la planification, à savoir : le Plan triennal d'investissements publics, les plans régionaux de développement intégré, le Plan national d'aménagement du territoire, respect des visas de localisation, etc.

La nouvelle gouvernance va réunir toutes les compétences chargées d'élaborer les projets et les programmes et de les harmoniser à partir des stratégies définies dans le Plan d'émergence.

Ainsi, les disparités seraient maîtrisées et l'harmonie territoriale va constituer le soubassement des actions des structures décentralisées et des structures privées.

Une ambiance du développement va spontanément se créer sur l'étendue du Sénégal dans l'optique d'une action concertée.

Les nouvelles structures d'échanges vont se créer permettant aux communes et départements de créer des opportunités pour tirer le maximum de recettes fiscales pour le financement de leur plan.

Les services concentrés vont réaliser, au profit des collectivités, des projets et programmes à inclure dans leur plan d'investissement.

CHAPITRE 11

POUR QUEL PARTENARIAT ?

Depuis l'aube de l'indépendance, le partenariat que nous avons connu et pratiqué dans les pays en développement avec le Nord allait en sens unique, au profit des nations nanties.

Le professeur Ki-Zerbo lançait son cri de détresse aux chefs d'État africains qui pensaient qu'ils ne pouvaient se développer sans l'assistance des nations nanties. L'Afrique devait revenir sur le concept : « On ne développe pas, on se développe ».

La détérioration des termes de l'échange dévoilée à la fin du XXe siècle a été le constat terrible dans le commerce mondial des matières premières que nos pays fournissaient au Nord. La plupart des produits de luxe que nos États importaient étaient fabriqués à partir de nos matières premières.

Avant de compter sur les autres pour se développer, il faut d'abord compter sur soi.

L'assistance technique et le corps de la Paix américain, n'ont été que des prétextes permettant à la France et aux

États-Unis, au Japon et à la Chine de s'approcher des bases de nos réalités endogènes.

Le fait que ces méthodes d'assistance perdurent démontre un constat d'échecs qui ne veut pas dire son nom

Le réveil de la conscience critique des jeunes scientifiques africains sortis des grandes écoles et universités est en train de modifier les rapports.

Les méthodes d'approche gagnant-gagnant donnant-donnant ne sont que des prétextes pour mieux établir une nouvelle confiance dans les rapports Nord-Sud.

Nos pays ont toujours donné ce qu'ils ont de meilleur à des pays, chercheurs de produits rares et inaccessibles.

Nos responsables politiques ont toujours mal négocié au cours des échanges, face à des acteurs disposant du savoir et du pouvoir à des époques où la formation des élites africaines était limitée à des matières non scientifiques.

Le plateau continental africain et le fond marin contiennent les ressources rares supports du développement industriel.

Demain ce sera l'Afrique aux portes de laquelle se bousculeront les nations du Nord. Il faut un autre Développement et une nouvelle vision pour mieux sauvegarder et utiliser à bon escient ce dont de la nature que nous ne devons transformer dans le cadre d'une demande où nos pays tireront de grands profits pour sortir des ténèbres de l'ignorance de la dépendance.

Aujourd'hui, on nous propose le partenariat économique. Ce partenariat est un concept qui ne saurait régler les problèmes de nos États. Des pays à économies différentes ne peuvent coopérer dans la logique d'un changement favorable aux pays pauvres à faibles revenus.

Le nouveau partenariat pour l'Afrique ne doit pas être un slogan vide, il doit reposer essentiellement sur le pouvoir et le savoir partagés.

Le concept à partir de l'option « gagnant-gagnant » devrait prévaloir à tous les niveaux dans les échanges.

Les États africains, dans le concept d'un autre développement, doivent changer de méthode d'approche et opter pour un partenariat pour le développement.

Qu'est-ce à dire ?

Dans une telle approche, les partenaires traitent à niveau égal dans le concept « gagnant-gagnant » pour un développement durable et porteur de progrès.

Nous avons nos potentialités, nos programmes et nos savoirs stratégiques. Les partenaires disposent de capitaux. Nous devons savoir que les moyens combinés constituent la base du partenariat.

Nos États gagneraient à former leurs cadres dans les universités de métiers et des centres orientés à la transformation de nos potentialités.

Le partenariat africain s'inscrit dans ce que le président Senghor appelait « Développement par cercles concentriques », c'est-à-dire l'ensemble des grappes de convergence qui s'entrecroisent vers un point oméga qui ne pourrait être que l'unité de nos pays.

Les résultats permettront, sur le moyen et long terme, la réalisation de grands projets et programmes pour le bien commun à tous les partenaires. Un tel partenariat est essentiellement profitable pour l'Afrique dans la réalisation des grands ensembles.

Il ne s'agit plus de porter en bandoulière les projets et programmes et de parcourir le monde à la recherche de partenaires pour leur réalisation. Le développement n'est pas la dépendance vis-à-vis des détenteurs de capitaux, c'est la combinaison de moyens techniques, matériels et financiers pour l'exploitation de nos potentialités dans une vision « gagnant-gagnant ».

Dans la réalisation des accords, nos pays et nos collectivités doivent occuper des positions osées provenant d'un savoir et d'une maitrise de leurs potentialités. Le concept gagnant doit être une réalité.

C'est un ensemble d'efforts, de choix stratégiques et d'orientations spécifiques pour une collaboration franche entre des parties décidées à réaliser un changement pour l'émergence au profit des populations des zones concernées dans l'optique de l'équité sociale.

Les ONG doivent observer leurs activités à partir d'un ensemble de programmes nationaux inscrits dans les orientations et les stratégies des plans.

Comment peut-on accepter des ONG qui s'implantent dans nos pays pour réaliser des programmes non conformes aux orientations du plan ? Une assistance qui perdure avec des programmes spécifiques est un constat d'échec qu'il convient de dénoncer dans le lot des paradoxes observés.

Les secteurs concernés par le partenariat pour le développement doivent trouver dans la logique des fondements de l'Émergence figurant déjà dans les orientations et les stratégies du Plan Sénégalais pour l'Émergence.

Le partenariat public/privé trouvera son champ d'expérience au niveau des pôles. Les opérateurs privés nationaux sont invités à mettre les expériences et leurs capitaux dans la réalisation des projets.

La naissance de petites et moyennes entreprises au niveau des pôles et pôles-relais est la base de l'industrialisation de nos matières premières.

La territorialisation des politiques publiques et privées est la base de l'équité sociale.

Le Sénégal dispose de terres capables d'accueillir les jeunes entrepreneurs formés au niveau des centres et des universités de métiers, pôle d'excellence. L'État doit arrêter une option systématique pour un partenariat capable de faire de nos terroirs des lieux de transformation de la production.

La réforme de la loi foncière est devenue une nécessité à l'heure actuelle. Elle doit certes définir les méthodes d'approche permettant à l'État de veiller sur le mode d'affectation et d'utilisation des terres. Les terres, en zone urbaine doivent être sauvegardées pour empêcher aux nouveaux élus des collectivités décentralisées d'en abuser par une spoliation éhontée au détriment des vrais détenteurs. La loi foncière doit être reformée en tenant compte des possibilités d'évaluation que nous offre l'Acte 3 de la décentralisation. L'échec de l'Acte 3 de la décentralisation serait fatal dans la mesure où toutes les présuppositions d'un développement durable sont réunies.

CHAPITRE 12

Le covid-19 face au développement

Les contraintes qui s'opposent aux libertés de choix des décideurs politiques et des entrepreneurs constituent des freins qui compromettent les projets et programmes et imposent une nouvelle démarche.

Le développement durable est une option tendant à mettre des atouts pertinents dans la consolidation des programmes planifiés.

Des impondérables peuvent surgir à tout moment pour compromettre les choix et porter atteinte aux options dans les adjectifs. Face à la pandémie, les économies africaines sont tenues de respecter les exigences des bailleurs, à savoir, ne pas dépasser 70 % du PIB dans leur endettement et respecter le seuil de 3 % du déficit budgétaire.

Les 33 milliards qui sont accordés à 17 pays africains en DTS (Droits de tirage spéciaux) sont loin de suffire dans la stratégie de lutte contre la pandémie. Les possibilités offertes aux pays nantis pour les DTS, à savoir, 650 milliards de dollars, qu'ils peuvent octroyer aux pays pauvres par l'intermédiaire de la Banque mondiale, risquent d'être un moyen de maintenir nos pays dans une longue spirale de dépendance qui serait loin de contribuer à leur développement durable.

Le changement de paradigme partant d'une nouvelle approche pour un autre développement est une urgence.

Les présuppositions d'un autre développement face à la pandémie covid-19 s'inscrivent dans les méthodes de planification du développement dans la lutte contre la corruption générale estimée selon les études à 25 % du PIB global mondial, dans les choix concertés des projets et programmes au niveau des pays appartenant à une même zone géographique.

Le Sénégal doit établir une harmonie dans la réalisation de son plan de développement.

Le Sénégal et l'ensemble des États de la CEDEAO doivent éviter le surendettement et procéder à la mise en place concertée de leur monnaie nationale.

Les structures d'appui pour la réalisation des projets et programmes doivent s'inspirer des objectifs et des stratégies du PSE.

Les moyens pour lutter contre la pandémie restent insuffisants.

Le Sénégal doit changer de paradigme pour une approche novatrice dans sa stratégie de développement. Pour cela, il ne peut compter que sur le dynamisme de ses structures dans le respect des choix pour un développement économique participatif qui s'inspire de l'équité territoriale qui tire ses forces de l'éveil de la conscience collective d'un peuple debout.

Le nouveau deal Europe-Afrique pour sauver les économies des pays africains ne doit pas être une nouvelle occasion de maintenir nos pays dans la dépendance qui compromet leur développement et les maintenir dans une spirale d'endettement lourd et insupportable.

Le Sénégal est assis sur un sous-sol riche et prometteur et ne doit pas perdre de vue que l'utilisation du pétrole et du gaz doit permettre un partenariat gagnant-gagnant.

Le pétrole et le gaz dont dispose le Sénégal, exploitables dans les années à venir, nous placent sur la trajectoire des pays qui vont s'imposer dans leurs choix et leurs rapports. Pour cela, nos instituts et écoles de formation vont avoir la mission de former des cadres appropriés avant qu'une nouvelle forme d'assistance technique improductive ne s'impose à nous. Le pétrole, le gaz et les autres richesses que renferment la mer et le sol constituent les armes qui, demain avec le savoir inculqué à nos jeunes cadres, des armes de riposte dans les négociations pour un développement durable et porteur de croissance.

Le Covid19 ne doit pas être un prétexte pour les pays nantis de nous imposer des conditions insupportables dans les échanges. Nos pays doivent lutter pour enrayer cette pandémie sans compromettre leur stratégie d'attaque face aux obstacles qui se dressent sur leur voie.

Face aux impondérables, c'est-à-dire aux obstacles qui peuvent surgir à tout moment nous devons veiller et nous prémunir des structures sanitaires sur l'étendue du Sénégal.

Le développement de l'éducation et de la santé doit être le cheval de bataille pour disposer d'une stratégie de base dans l'exploitation des potentialités riches au niveau de nos fonds marins et de nos sols.

CHAPITRE 13

L'ACTE III ET LA FIN DES PARADOXES

Selon le Robert, un paradoxe est un fait admis, accepté, et qui est contraire à l'orthodoxie, à l'opinion généralement admise, un fait bizarre, souvent extraordinaire. Le paradoxe cache, sous une formule, une idée qui paraît étonnante, un contre-sens, une absurdité : des faits observés et tolérés dans l'administration territoriale et qui n'apportent rien de positif dans l'évolution du développement ; une collectivité qui s'active pour son émergence et qui, au lieu de créer les moyens d'y parvenir, compte sur les autres ; des organisations qui pensent que les moyens de leur développement doivent être recherchés ailleurs… Autant de faits qu'il faut bannir…

De 1960 à 1996, la Région, circonscriptions administratives à la tête de laquelle était placé un gouverneur (haut fonctionnaire nommé) appelé chef de l'exécutif régional, regroupant les organes décentralisés, les sociétés d'État, etc., est restée une entité administrative sans assise juridique et incapable de devenir un niveau pertinent de prise de décision en matière de développement. Elle réunissait, avant la réforme de 1972, toutes les présuppositions d'une véritable régionalisation, à savoir :

- une Assemblée régionale élue au suffrage universel ;
- un budget dont l'ordonnateur principal était le gouverneur ;
- des collectivités locales (communes) au niveau desquelles les préfets exerçaient la tutelle – une tutelle lourde et paralysante – ;
- des services déconcentrés de l'État dépendant du commandement territorial ;
- des sociétés d'État dotées de moyens pour exécuter de grands programmes et qui sur le moyen terme, doivent dépérir au profit des coopératives et des organisations paysannes. Ces organisations paysannes ont été systématiquement marginalisées pour devenir des excroissances des structures aux mains de fonctionnaires véreux. Si l'on a cru devoir penser à la réforme de la réforme en 1972, c'est parce que le commandement territorial continuait à pratiquer une certaine suprématie par l'exercice d'un dédoublement fonctionnel. On a observé que dans les grandes communes, chefs-lieux de région, des gouverneurs exerçaient une certaine suprématie (le maire régnait, mais n'administrait pas). Les gouverneurs étaient les ordonnateurs des budgets des communes et des Conseils régionaux. À la fin de leur mandat, les maires devaient rendre compte par un bilan souvent décrié et qui leur portait préjudice.

La réforme de 1996, qui faisait des régions des collectivités territoriales dotées de personnalité morale de droit public, allait bouleverser les anciennes tendances et ouvrir la voie à la territorialisation des politiques publiques.

Au cours de la décennie 1970, on a noté l'accroissement rapide de la vulnérabilité de l'économie qui a obligé le gouvernement à mettre en place un plan de redressement économique et financier (PREF). Ce plan exigeait de nouvelles politiques et un changement dans notre système de planification, incapable de promouvoir un développement durable.

L'évolution de ce système a abouti à la recherche de l'adéquation budget/plan dans le cadre d'une démarche pluriannuelle glissante. À partir de 1981, le Sénégal devait faire face aux objectifs macro-économiques et aux politiques sectorielles.

Il fallait diagnostiquer la situation face aux contraintes du marché national et à l'adhésion de la France à la CEE avec une restructuration qui allait engendrer de graves conséquences sur notre système de planification. C'est l'ère des plans d'ajustement et des paradoxes inavoués.

Fallait-il abandonner le plan et s'appuyer sur des programmes financiers à moyen ou long terme ou allier les deux ? C'est également, en 1984, l'ère des nouvelles politiques. Nous partirons du constat d'une situation qui continue à résister malgré la volonté des décideurs (socialistes ou libéraux) de vouloir changer la marche de notre pays à partir d'un changement de paradigmes. La région devait subir un profond changement par une restructuration basée sur le nombre et sur ses missions. L'augmentation des régions à côté des départements sans fonctions précises allait bouleverser l'ossature de notre administration sans lui donner la physionomie souhaitée.

Les élections du 22 mars 2009 ont jeté les bases d'une démocratie participative qui avait besoin de volonté politique suivie et pragmatique. Les nouvelles structures décentralisées devaieent constituer les bases solides d'un autre développement avec des décideurs capables de créer de nouveaux moyens, tirés de leurs ressources propres avant de s'ouvrir sur l'extérieur, car les bailleurs de fonds ne feront pas le développement à notre place.

Nos décideurs politiques devraient changer de comportement une fois installés à la tête des structures de base. Les orientations, les choix et les programmes devraient être tirés de la volonté populaire. Nous devons cesser de penser que la fonction de maire, de président de département et pôle est une sinécure, elle doit être un sacerdoce qui impose un comportement éthique aussi bien chez nos dirigeants que chez nos populations. Un maire doit être un résident qui se réveille quotidiennement pour faire face aux pulsions populaires. Les fonctions de maire ne sauraient être cumulées avec celle d'un ministre, selon notre point de vue...

Le transfert de compétences avec des moyens appropriés liés à la responsabilisation des collectivités hors de toute tutelle pourrait se faire dans le cadre du contrôle de la légalité des actes par le chef de la circonscription administrative à côté des organes judiciaires régionaux. Le maintien des régions dans l'univers de l'acte III risque de créer des problèmes face à la nouvelle mission des départements et des pôles urbains. La région, comme nous l'avons indiqué, restera une simple circonscription administrative, sans territoire avec comme mission le règne d'une gouvernance adaptée à la nouvelle mission des collectivités décentralisées. Faut-il les supprimer au profit des pôles ? Oui.

À défaut de ne pouvoir rapprocher l'administration des administrés, deux choix s'imposent : revaloriser l'espace national par le maintien des régions actuelles ou les supprimer en faveur des départements et communes. Si l'on fait de la région une entité territoriale factice à la tête de laquelle est placé un gouverneur nommé, on maintient systématiquement un paradoxe qui devient une contrainte au développement à l'heure de la territorialisation des politiques publiques et de l'équité.

Les collectivités territoriales doivent manifester la volonté de l'État de libérer nos populations dans une dynamique de développement participatif avec des moyens appropriés sur des espaces appropriés (construction de terrains de sport, de dispensaires, d'écoles, de centres de formation, etc.).

Le schéma sur lequel nous insisterons serait assis sur un socle comprenant les communes, les départements et la nation. Il va s'enraciner aux Comités de quartier dont le dynamisme à ras du sol reste une réalité.

Nous proposons un schéma capable d'être le socle d'un autre développement. C'est le schéma de la concentration polycentrique modérée qui va mobiliser les communes, les départements et les pôles dans une synergie porteuse de progrès.

C'est un schéma qui part du quartier, basé sur une démarche autocentrée et sur les orientations du Plan de développement intégré et au Plan Sénégal Émergent. Le schéma alternatif que nous proposons prône un développement territorial planifié prenant en compte les aspirations des populations dans une ambiance où chaque Sénégalaise et chaque Sénégalais pourraient s'y identifier. Il permet la mise en place de nouvelles institutions adaptées au PSE. La communalisation universelle est un concept nouveau que nos instituts et universités doivent enrichir sur le moyen terme à partir de leurs recherches.

La base du développement territorial dans le concept d'un autre développement serait les communes et le département avec des Conseils départementaux élus au suffrage universel. Les préfets veilleront au respect des dispositions réglementaires à la tête des structures déconcentrées chargées d'assister les communes et les Conseils départementaux sans s'opposer à leur autonomie de gestion (une gouvernance formatrice, accompagnatrice, pour l'éveil des synergies nouvelles).

Ce schéma simplifié semble être celui qui s'adapte aux objectifs de l'acte III, cheville ouvrière du PSE en matière de participation démocratique et aux objectifs du développement. Les nouvelles structures sont le lieu de concertation des décideurs avec les ONG, les groupements de la société civile et des partis politiques. Le schéma que nous proposons est un schéma alternatif qui part des quartiers en prenant en compte les rationalités dans le choix des objectifs et des plans et qui introduit l'adéquation des budgets avec les programmations pluriannuelles contenues dans le plan.

Il suffit d'établir une volonté politique systématique définie dans le cadre logique d'une loi-cadre qui définit le concept du développement local participatif, multisectoriel, multifonctionnel et intégré. Les services déconcentrés dirigés par des techniciens compétents dotés de moyens efficaces et faisant preuve de motivation permettront de créer au niveau de la base une ambiance propice au développement.

À ce niveau, il serait quasiment impossible de réaliser la planification participative intégrée et autocentrée sans une véritable maîtrise des pulsions des regroupements producteurs de base. Les projets inscrits dans les budgets et les plans locaux ne sont pas des projets ponctuels capables d'entraîner des effets multiplicateurs, de créer un changement au niveau des collectivités. Les projets devront être issus des sections villageoises et groupements divers (voir annexe : loi d'orientation sylvo-pastorale).

L'absence de cadre logique de planification à la base fait observer l'existence de plans qui ne peuvent disposer d'un programme pluriannuel conséquent. Les conseillers, depuis la loi sur le domaine national, semblent donner plus d'importance à la gestion des terres (sources de conflits entre les différents acteurs) qu'aux programmes planifiés.

La loi foncière doit subir des réformes pour éviter les conflits quotidiens entre les maires et leurs administrés, entre éleveurs et cultivateurs à cause de l'absence de zones de parcours du bétail.

Le manque de formation des conseillers ruraux et l'impossibilité des CER de disposer de moyens à la fois matériels et humains, semblent être à la base de cette faille qui perdure. Certains conseillers ruraux pensent que le développement local est la réalisation de foyers lumineux et l'équipement sportif des ASC à partir de ressources souvent tirées du fonds de dotation. La fin des paradoxes doit être une volonté systématique de l'État d'éliminer de l'univers du développement les considérations futiles et les tâtonnements.

Il faut revenir au respect des dispositions du Code de l'Administration communale : les communes, pour bénéficier du fonds de dotation, doivent, dans leur budget, mobiliser au moins 25 % de leurs investissements. Cela doit être appliqué à la lettre…

On a tendance à faire fi de cette disposition. Les communes insistent et réclament leur part dans la répartition de ce fonds. Ce fonds doit être réservé aux communes qui travaillent pour la promotion de leur population. Il faut mettre en place une loi centralisatrice pour régler définitivement les problèmes fonciers.

Les réformes de 1972, 1984 et 1996, en atténuant les paradoxes issus de cette mainmise de l'État, n'ont pas permis de rapprocher l'administration des administrés et de restituer véritablement aux collectivités locales leurs rôles. Les démarches politiciennes semblaient dominer la logique administrative.

L'évolution de la commune et du département, dans l'univers de l'acte III, semble traduire la fin d'un processus évolutif qui a pris départ depuis la loi-cadre de 1957. Les exigences de l'acte III commandent le respect systématique des dispositions du Code de l'Administration communale. L'efficacité de l'acte III dépend d'une réforme du Code de l'Administration communale.

Les raisons qui ont été à la base de la mise en place des plans régionaux de développement intégré persistent dans la dichotomie entre le plan de développement et celui de l'aménagement du territoire. Les disparités inter et intrarégionales continuent à se manifester. Le plan mis entre parenthèses au profit des programmes des agences et autres programmes entraîne des disparités interrégionales graves. Il faut systématiser le respect par les services de l'État, les entreprises, des visas de localisation sur l'étendue du Sénégal, si nous voulons lutter contre les disparités territoriales.

La combinaison du budget consolidé d'investissement du programme triennal d'investissements publics mise en adéquation avec les plans polaires de développement intégré pourrait ouvrir la voie à un développement durable et autocentré. Les communes réaliseront leur plan dans l'optique d'un schéma de planification qui tient compte des orientations du PSE. Il me semble, à l'heure actuelle, que chaque commune veut réaliser son plan de développement hors des normes techniques permettant un développement harmonieux et équilibré. L'exemple le plus frappant est le tiraillement au niveau de la réalisation d'un projet d'aménagement d'une place publique à Dakar. Il s'agit, me semble-t-il, d'un bon exemple de pilotage à vue pour la réalisation d'un projet surgit de nulle part et qui oppose un démembrement de l'État au responsable d'un Département ministériel.

Il faut éviter que les failles deviennent des contraintes capables de freiner le développement et de compromettre les résultats du PSE. Aujourd'hui, tous les acteurs usent et abusent de l'expression « Sénégal émergent », qui n'est qu'une aspiration exprimée à travers un acte. Ce dernier traduit la volonté des pouvoirs politiques de vouloir réaliser des avancées dans la marche collective de toute une nation. Il ne doit pas être une simple expression qui anime les discours et les danses.

La volonté politique exprimée par les nouvelles autorités n'est rien d'autre que le résultat d'un système évolutif vers l'unité territoriale par l'implantation des projets et programmes sur l'étendue du pays. De la régionalisation, nous voici à la polarisation, qui est la résultante d'une évolution spatiale que nous devons saluer et à laquelle nous devons adhérer. Le développement obéit à des réalités qu'il faut cerner et adapter aux exigences que nous impose un environnement international plein d'incertitudes.

La décentralisation devra permettre l'émergence de la démocratie locale et rapprocher l'administration des administrés.

La territorialisation des politiques publiques a besoin d'un territoire sans région, un territoire dominé par les pôles polycentriques dont les effets d'entraînement permettront aux lieux centraux polarisateurs de mobiliser les activités porteuses de croissance par :

- la diversification de la production ;
- la valorisation des échanges ;
- la transformation sur place des potentialités ;
- la création d'emplois sur place ;
- la création de voies de communication ;
- la production de ce que nous consommons ;
- l'ambiance propice au développement endogène et autocentré.

Le modèle uniforme d'organisation administrative pourrait se réaliser sur l'ensemble du territoire.

Nous constatons depuis plus de cinq décennies l'existence d'une administration qui possède les atouts de sa dynamique et qui s'éloigne de plus en plus des administrés. Nous vivons le paradoxe de l'existence d'organismes qui n'arrivaient pas à maîtriser efficacement la problématique du développement. Les pulsions de base que nous appelons « rationalités », issues des terroirs et exprimées par les organes des associations, *dahiras* et regroupements, n'arrivent pas à intégrer les projets, les programmes et les plans, parce que se situant loin des lieux de prise de décisions.

La décentralisation bien menée doit rétablir la confiance que les populations doivent avoir envers les élus locaux. Il nous faut dépasser les objections notées par le professeur Nzouankeu, qui sont le fait de fonctionnaires de carrière formés selon la tradition de l'administration centrale.

Ils craignent que la décentralisation accentue les gaspillages et la dilapidation des deniers publics. Il ne s'agit pas de placer les collectivités sous le contrôle de l'administration centrale, il s'agit de les responsabiliser pour leur permettre d'accéder aux ressources créées par l'existence des pôles pour réaliser les projets capables de réduire les disparités inter et intrazonales.

D'aucuns pensent que la décentralisation disloque la nation par des velléités d'autonomie qu'elle risque de créer. Elle ne doit pas permettre aux pôles urbains ou départementaux les plus riches de vivre leur autonomie au détriment des autres. Il faut une politique d'uniformité centralisatrice dont les garde-fous s'inscrivent dans la disposition de l'organe judiciaire déconcentré, se realisent.

La double planification du développement pourrait permettre à des départements d'unir leurs efforts pour se fédérer grâce à la dynamique créée par les effets porteurs de croissance. Certains pôles pourraient, par leurs ressources fiscales générées, aider le budget de l'État à la réalisation de projets interpolaires ou interdépartementaux.

Les départements vont s'identifier parmi les grands projets que l'État doit réaliser et qui figurent dans le programme triennal d'investissements publics. L'État va techniquement, dans le cadre de ses compétences, déterminer les grands projets d'équipement de la nation. Une autoroute à péage qui traverse un département doit avoir des effets induits de même qu'une ligne de chemin de fer, etc., sur l'économie de la collectivité décentralisée (le département).

Le département doit disposer d'un véritable pouvoir politique dans le domaine de ses compétences pour pouvoir décider discrétionnairement. Pour cela, il faut dépasser la tutelle sous toutes ses formes. Il faut que le citoyen sente qu'il dispose d'un instrument efficace de prise de décisions souveraines au niveau territorial. Les communes, à l'instar des départements, disposeront elles aussi de ce pouvoir discrétionnaire et de compétences réelles sans nuire à l'indépendance nationale.

Loin des méfiances et des suspicions, la philosophie qui doit sous-tendre la décentralisation est celle établie entre l'État et les collectivités territoriales.

Nous devons saisir les opportunités que nous offre l'acte III pour remodeler le système de planification inséré dans les schémas polaires d'aménagement du territoire pour faire face aux disparités actuelles entre les régions.

Il faut systématiser la création des infrastructures routières et des pôles pour créer une zone de contrepoids face à l'évolution spatiale de la Métropole et diversifier les lieux d'opportunités permettant aux populations de solutionner leurs problèmes hors de la Métropole qu'est Dakar, lieu déjà trop chargé et très équipé qui risque sur le moyen terme de créer une situation de non-retour dans le concept de la territorialisation des politiques publiques.

Les stratégies proposées par le PSE nous invitent à être plus réalistes dans la réalisation des projets et programmes dans l'espace sénégalais.

La stratégie capable de freiner le déplacement des populations vers les lieux centraux est celle qui s'attaque à la macrocéphalie constatée à Dakar - Diamniadio ne doit pas être un contrepoids pour Dakar, mais un lieu choisi pour le maintien de l'équité territoriale.

Les nouvelles structures, stades, les salles de conférences, les entreprises de transformation, les ministères délocalisés, doivent avoir pour fonction de réduire et d'orienter le déplacement des populations vers des lieux d'échanges favorables, qui ne nuiraient nullement à leurs activités quotidiennes.

Conclusion générale

Tout le long de notre démarche, nous avons essayé de cerner les véritables causes des échecs de notre système de développement pendant près de cinq décennies.

Les structures décentralisées n'ont pu jouer leur rôle en matière de développement parce que marginalisées par l'exercice d'une tutelle bloquante. Le système de planification a été compromis par des contraintes graves qui ont empêché les libertés de choix des décideurs politiques.

À partir de cette analyse, nous avons proposé un schéma alternatif tiré de l'acte III qui a ouvert la voie à la communalisation intégrale, permettant la polarisation du système et la mobilisation des structures depuis la base. Les contraintes observées vont empêcher les libertés de choix dans les options de développement.

Elles peuvent être dépassées si les choix sont conformes au développement durable. Les recherches devraient être orientées en fonction des potentialités existantes.

Elles sont de différentes formes : contraintes structurelles, contraintes financières, contraintes humaines, contraintes foncières, etc. Elles peuvent être transcendées par la volonté de dépassement qui anime une communauté décidée à se développer par le travail et l'endurance.

Dans notre démarche, tout au long de l'ouvrage, nous avons essayé de procéder à l'inventaire des contraintes et aux stratégies d'attaque mises en place pour réaliser les différents plans et programmes au Sénégal.

Au cours des premier et deuxième plans, il a été observé la présence d'une gouvernance débridée, dominée par une bureaucratie animée par des fonctionnaires et qui a conduit au malaise paysan. La léthargie de l'Administration constatée à l'issue de la crise politique de 1962 a beaucoup porté préjudice à l'évolution politico-économique du Sénégal.

En 1984, l'État décida, face aux exigences de l'environnement international, de réaliser les nouvelles politiques agricoles partant de la remise des dettes, la réforme du programme agricole de l'organisation du mouvement coopératif. Cette période est également marquée par la nouvelle planification et la nouvelle politique industrielle.

La politique de « moins d'États pour mieux d'État » devait faire face à l'État-providence qui avait fini par installer dans le comportement des acteurs du développement une attitude de dépendance accrue qui a entrainé les acteurs à penser que c'est l'État seul qui devait réaliser les projets et les programmes, que l'État est le seul acteur du développement.

L'intensité de la corruption et des détournements de fonds constatée au niveau des coopératives, des structures décentralisées, devait entraîner des réformes profondes au niveau des structures et dans le choix des hommes.

Au niveau du système national de planification, le pilotage à vue et la dépendance exagérée des sources de financement extérieures étaient à la base des échecs enregistrés à l'époque.

Pendant près de cinq décennies, il a été observé des disparités régionales avec leurs conséquences socio-économiques et politiques, dont la plus caractéristique est la macrocéphalie observée au niveau de la région de Dakar et la naissance des bidonvilles aux abords des centres urbains.

Sur 0,28 % du territoire national sont concentrés 80 % des entreprises recensées à Dakar, qui représentaient 73 % de la valeur ajoutée du secteur secondaire et 75 % des emplois. Sur 341 entreprises, 300 étaient localisées à Dakar. Cela s'est traduit, sur le plan démographique, par une forte polarisation autour de Dakar avec la naissance des bidonvilles. La densité démographique était de l'ordre de 3800 habitants au km², 120 à Thiès et 9 à Tamba.

En matière d'aménagement du territoire, il a été noté un scénario tendanciel mauvais et dangereux avec des déplacements constants des populations rurales vers les zones urbaines.

En février 1988, un Conseil interministériel fut organisé pour examiner les disparités régionales et la mise en place des plans régionaux pour le développement intégré (PRDI).

Il fallait procéder à :

- la réduction des disparités régionales et à l'harmonisation du niveau de vie entre ruraux et urbains ;
- l'analyse des ressources et potentialités régionales et à leur mise en valeur.

Sans nous attarder sur les orientations de ce Conseil interministériel et sur les résultats des nouvelles politiques, nous rappelons que durant cette période jusqu'à la première alternance en 2000, le PRDI et les plans d'ajustements structurels n'ont pas aidé à réduire les disparités constatées entre Dakar et le reste du Sénégal.

La dichotomie aménagement du territoire et planification du développement a été pour beaucoup dans les échecs enregistrés. La planification étant un acte d'anticipation des politiques, elle ne peut être consolidée et porter des résultats pragmatiques qu'en étant en harmonie avec l'aménagement de l'espace et les statistiques.

Durant la période à laquelle nous avons quitté l'administration pour nous consacrer à la recherche au niveau de l'université Gaston Berger (1994-2007), nous avons, en rapport avec les étudiants de l'UFR de sciences juridiques et politiques, observé l'évolution du développement économique et social à travers l'exécution des différents plans. Suite à nos séminaires et visites de terrain auprès des sociétés régionales de développement et au niveau des organisations paysannes de la vallée, ont éveillé en nous l'idée de réaliser notre premier ouvrage intitulé *Des théories réformistes à la planification régionale (les chemins difficiles du développement)*.

De 2007 à nos jours, en observant l'évolution du système de planification et du développement en général, nous avons constaté un manque de stratégie portant sur :

- la réduction des disparités inter et intrarégionales ;
- la dichotomie villes-campagne ;
- la marginalisation des structures décentralisées et leur manque d'intégration vers une autogestion optimale ;
- le non-respect des orientations de la nouvelle politique agricole et l'organisation du mouvement coopératif ;
- l'absence du système de territorialisation des politiques publiques ;
- la dépendance permanente vis-à-vis des ressources extérieures pour le financement des programmes.

Les réformes territoriales, au lieu d'être réalisées vers le concept de la concentration polycentrique, continuent à charcuter le territoire par la réalisation de 14 régions et près de 600 communes disposant de moyens aléatoires et incapables de réaliser les objectifs du plan.

En 2012-2013, quand nous avons observé les stratégies et les orientations à travers deux actes majeurs que sont le Plan Sénégalais pour l'Émergence et l'Acte III de la Décentralisation, qui ont tiré leur source des réformes de 1972, de 1984 et 1996, l'idée de réaliser un second ouvrage ne cessa de nous habiter.

Voilà que nous vous proposons le présent ouvrage : *Pour un autre développement (L'acte 3 : la fin des paradoxes).* Nous souhaitons qu'il constitue l'une des bases de réflexion pour le succès du PSE.

La philosophie qui sous-tend ce plan s'inscrit dans la communalisation intégrale, la territorialisation des politiques publiques, la polarisation et la mise en avant des départements qui, depuis plus de cinq décennies, ont été des niveaux factices de commandement territorial. Le dédoublement fonctionnel exercé par les fonctionnaires du commandement territorial dans les communes, chefs-lieux de région, avait défrayé la chronique. Les maires avaient cessé d'être des ordonnateurs de leur budget et programmes. Ils devaient pourtant rendre compte au terme de leur mandat. Quel paradoxe !

La problématique dans les États africains qui depuis plus d'un demi-siècle se débattent dans un sous-développement chronique se situe dans le manque de visions mutualistes capables de les fédérer pour faciliter l'intégration de leur stratégie globale en matière de politique économique et sociale. L'acte III ouvre la voie à la création de communautés urbaines entre plusieurs communes.

L'Afrique est une terre d'avenir et sera dans les siècles à venir un continent que les nations occidentales solliciteront en permanence.

Il nous faut une prise de conscience nouvelle dans l'optique du développement à partir de grappes de convergences où chaque État pourrait s'identifier pour une prise en main commune de nos potentialités dont la rareté commence déjà à aiguiser des appétits.

Nos États sont invités à la recherche d'une prise de conscience qui doit sous-tendre leur ambition légitime et ôter en eux le complexe de croire que nous ne pouvons rien apporter aux autres à l'heure où les effets négatifs d'une mondialisation débridée constituent les contraintes les plus graves pour la réalisation des grands ensembles sans lesquels le monde que nous traversons nous conduira vers des désastres que nous pouvons à présent éviter.

Le Sénégal doit faire de son plan une appropriation où toutes les sensibilités (politiques économiques et sociales) doivent s'identifier. Cela impose une concertation permanente entre le parti dominant et les autres. L'État, grâce aux institutions judiciaires décentralisées, doit veiller à la légalité des actes. Il faut une politique d'uniformité centralisatrice dont les garde-fous doivent être à la disposition des organes déconcentrés.

L'État ne doit pas entretenir les départements et les communes pauvres. Il doit leur offrir les possibilités d'accéder aux ressources fiscales.

L'équité souhaitée dans l'univers de l'acte III doit découler d'un certain nombre de facteurs, à savoir :

1. l'érection des départements en collectivités territoriales capables de prendre en main leur mission intégrale sans perdre leurs acquis ;
2. la communalisation universelle, faisant des communes de vrais instruments de développement exerçant une autonomie sans rien perdre de leurs acquis antérieurs ;
3. les maires, à l'instar des présidents de Conseil départemental, doivent en toute autonomie exercer leur mission dans le cadre de leurs plans et programmes ;
4. les responsables des pôles de développement doivent, dans le cadre du développement, aider les communes à

réaliser des actions intégrées dans le cadre du Plan polaire de développement intégré. La mutualisation des projets permettra d'éviter des déséquilibres dans la transformation de l'espace national ;

5. la région doit s'effacer au profit d'une gouvernance administrative regroupant les services déconcentrés de l'État, dont le rôle serait d'assister techniquement les communes et Conseils départementaux. C'est la naissance d'une nouvelle gouvernance du développement.

L'acte III, hors de l'équité, risque de ressembler à une confiscation des acquis déjà existants au niveau des institutions décentralisées au profit de l'État, compromettant ainsi les attentes réelles d'une véritable communalisation intégrale. Les communes, depuis plus de cinq décennies, ont été marginalisées dans notre système de développement. Au lancement du 7e plan, il a été observé que l'enveloppe affectée au développement des communes, évaluée à 16 milliards de FCFA, n'a pu être réalisée qu'au niveau de 16 % par la seule commune de Dakar. Aucune autre commune au Sénégal n'a pu réaliser un investissement planifié à l'époque. Cela n'avait dérangé personne…

Nous devons réfléchir aux possibilités de tenir les Assises nationales du développement polaire et des séminaires régionaux sur les outils et les concepts d'un autre développement.

C'est ici le lieu de remercier l'ancienne ministre Soukeyna Ndiaye Bâ, cette ouvrière du développement qui pendant son magistère a lancé le concept du développement participatif basé sur le système itératif de la double planification : nation-région.

Cette technique, saluée par les développeurs à l'époque, aurait pu aboutir à ce que nous appelons aujourd'hui la communalisation intégrale et la mobilisation de toutes les structures de base dans la dynamique du développement durable. Les journées régionales trouvent leur place dans la consolidation de l'acte III. Elles doivent être reprises.

L'efficacité que démontrent nos chercheurs (médecins, professeurs) en matière de lutte contre la pandémie (le covid-19) prouve à suffisance qu'en matière de développement économique, les mêmes compétences endogènes ne cessent de nous montrer que l'Afrique est dans la mouvance du changement.

Le covid-19 est une contrainte grave, une pandémie mondiale qui a bouleversé et continue de bouleverser les prévisions, les stratégies des plans et programmes. Le covid-19 empêche les libertés de choix des planificateurs, des économistes, et impose une nouvelle vision face aux crises multiformes qui compromettent l'avenir de nos entreprises. Le covid-19 ne saurait être considéré comme un paradoxe, mais comme un phénomène mondial dont les stratégies d'attaque constituent un point d'interrogation pour nos chercheurs et responsables politiques.

Avec l'évolution des idées et des concepts, nous voici, aujourd'hui, face à la pertinence des idées novatrices. Nous avons insisté sur les contraintes qui ne sont rien que des obstacles qui empêchent les libertés de choix des décideurs politiques. L'économie, comme on ne cesse de le répéter, obéit à des normes qu'il faut avoir le courage d'affronter pour les transcender.

La contrainte que nous avons observée sur la voie de l'émergence et qui risque de persister si on n'y prend garde est une gouvernance débridée, concurrente et inefficace. La communalisation intégrale veut que les élus gouvernent et que le dédoublement fonctionnel cesse. Les fonctionnaires de l'État veilleront à la marche du schéma structurel à partir de la gouvernance administrative où les agents de l'État, quel que soit le nom qu'ils vont porter, suivront à côté des organes judiciaires sur le contrôle de la légalité des actes et assureront l'assistance technique aux structures.

En réalisant cet ouvrage, nous voudrions inviter les hommes politiques qui nous gouvernent ainsi que les chercheurs au niveau des instituts et des universités à réfléchir à la devise du Centre de recherche sur le développement endogène : « On ne développe pas, on se développe ».

Aujourd'hui, nos chercheurs sont les premiers à démythifier les modèles importés. La recherche doit avoir une base endogène avant de s'ouvrir sur le reste du monde. Le développement endogène semble être la panacée dans les pays en développement.

« En somme, pour se développer, on nous sous-développe, à coups de chiffres et de quelques symboles ou gadgets spectaculaires, on nous hypnotise par le mirage d'un développement inaccessible dans le système international actuel. » (Ki-Zerbo, *La natte des autres*)

Nous devons étudier les autres à partir de leurs images, de leurs activités, et établir une symbiose dans une vision prospective, comme le dit Garaudy : « Compter sur soi n'implique pas un isolement économique à l'égard du reste du monde, mais des relations établies en fonction des besoins du peuple et non en fonction des intérêts de l'étranger ».

Un autre développement vise le développement contractuel par une approche endogène. Il doit reposer sur une démocratie et sur le contrôle, par nos communes et la société civile, des acquis dans l'intérêt des populations.

Nos propres forces et notre savoir-faire doivent être les leviers de notre développement. Il s'agit d'un développement qui libère l'homme et le rend responsable.

Il faut un autre développement qui tire sa force de l'endogène vivant. Les bases d'un autre développement se situent à notre niveau et nous devons les exploiter à tout prix. Il s'agit :

- des exploitations familiales sur les meilleures terres ;
- de la promotion des communes sur l'étendue du territoire ;
- des regroupements intercommunaux des jeunes dans la rurbanisation (retour des jeunes citadins vers les campagnes) ;
- des groupes religieux de travail.

Aujourd'hui, le phénomène de l'émigration des jeunes vers l'Europe doit obliger nos dirigeants à proposer des stratégies capables d'obliger la jeunesse à rester au terroir pour gagner dignement leur vie. Les jeunes qui affrontent la mer, au péril de leur vie, savent les dangers qui les guettent et qui ont des incidences négatives sur l'économie nationale.

Les stratégies et les solutions se trouvent dans l'option visant à aménager les terres disponibles de la vallée du fleuve, du Sine Saloum et de la Casamance en rapport avec nos vaillants soldats de l'armée nationale.

« On ne développe pas, on se développe », cela veut dire que l'autogestion africaine est comme celle de l'arbre qu'on ne peut stimuler que de l'extérieur, mais qui ne pousse que de l'intérieur. Se développer, c'est produire et reproduire, c'est-à-dire renouveler, exalter et transmettre ses propres virtualités. Aujourd'hui, comme le note le Pr Ki-Zerbo, l'Afrique ne produit pas, elle sous-produit. Elle ne se produit pas, elle se détruit à grands frais pour reproduire l'image d'autrui par mimétisme.

L'extraversion débouche sur l'aliénation, c'est-à-dire l'antithèse du vrai développement. Une assistance technique au niveau des structures décentralisées, si elle se perpétue, est un constat d'échec auquel il faut remédier.

En réalisant la première alternance, le Président Abdoulaye Wade a lancé le plan OMEGA qui, pour nous, n'était que la réponse au concept du « développement par cercles concentriques » lancé par le Président Senghor. Cette option ne peut se réaliser que si chaque État a réussi la territorialisation de ses programmes au profit des grands ensembles.

Il s'agira de la réalisation de ce qu'un homme politique ambitieux a appelé avec juste raison « les grappes de convergence » vers le point OMEGA, qui formera la base des grands ensembles africains. Le Président A. Diouf a affronté la politique du moins d'État face à l'État-Providence sans succès. Le Président Macky Sall lance l'idée de la communalisation intégrale et de l'équité territoriale.

Le PSE nous impose le choix pour un autre développement, dont les principes de base reposent sur la territorialisation des politiques publiques et la communalisation intégrale.

Les structures seront :

- les pôles urbains ;
- les communes ;
- les départements ;
- les quartiers.

Le choix d'un autre développement impose une nouvelle génération d'hommes liés à l'amour de la nature et la sauvegarde de l'écosystème.

L'amour de la nature nous impose la défense permanente de tout ce qui se rapporte à l'épanouissement de l'homme et à tout ce qui se rapporte à l'armature des différents lieux composant cette nature : climat, mer, fleuves, arbres, forêts, savanes, etc.

Nous entendons tous les jours dans les discours le concept d'un développement basé sur la recherche effrénée d'un partenariat.

Les mécènes qui aident nos pays à se développer ne feront pas le développement à leur place.

La génération qui nous gouverne, née après l'indépendance, doit éviter de tomber dans ces concepts inutiles qui freinent le développement et détruisent toute idée motrice d'un développement participatif, capable de promouvoir l'évolution dans l'équité territoriale animée par des collectivités qui tirent leur existence et leurs efforts des potentialités dont elles disposent et qui sont le fondement de leur changement. Un autre développement impose une prise de conscience sous-tendue par une volonté de changement vers le plus ÊTRE et le plus AVOIR.

L'émergence n'est ni une chanson ni une danse, elle ne doit pas être un simple slogan qu'il faut porter en bandoulière pour solliciter ceux qui, à force de nous voir tendre la main, finiront par nous mépriser.

Allons au rendez-vous du **donner** et du **recevoir** avec la fierté de ceux qui savent **donner** et **partager**.

PRÉCISIONS

C'est systématiquement que nous avons placé en annexe la loi agro-sylvo-pastorale. Elle est réalisée en rapport avec les organisations paysannes du Sénégal.

Cette loi contient des éléments qui, dans la dynamique et la consolidation de l'émergence, peuvent apporter des solutions capables d'intégrer les structures rurales dans la stratégie des collectivités territoriales.

Combien de textes pertinents, de recherches, ont été proposés aux décideurs et ont fini par être rangés au fond des terroirs ?

Des collègues venant des États limitrophes et même plus loin continuent à parfaire et à enrichir les études qu'ils ont réalisées avec nous et qui, aujourd'hui, contribuent efficacement à leur développement.

BIBLIOGRAPHIE

- **Le premier plan de développement économique et social** (1961-1964)
- **Jacques GIRI**, *L'Afrique en panne, vingt ans de développement*, éditions Karthala, 1989
- **Mamadou DIA**, *Le Sénégal trahi (un marché d'esclaves)*, éditions Selio, 1988
- **El Hadji Madior CISSÉ**, *Des théories réformistes à la planification régionale (les chemins difficiles du développement)*, PUF, 2004
- **Joseph KI-ZERBO**, *La natte des autres (pour un développement endogène en Afrique)*, Karthala, 1992
- **Edem KODJO**, *Et demain l'Afrique*, éditions Stock, 1985
- **Edgard PISANI**, *La main et l'outil*, Laffont, 1984
- **PSE**
- **Roger GARAUDY,** Pour un dialogue des civilisations, éditions du Devin, 2012

ANNEXES

Projet de loi d'orientation agro-sylvo-pastorale

RÉPUBLIQUE DU SÉNÉGAL

Un Peuple – Un But – Une Foi

Projet de loi d'orientation agro-sylvo-pastorale

Exposé des motifs

Depuis l'indépendance, l'agriculture sénégalaise est essentiellement restée une petite agriculture paysanne, à faible productivité, pratiquée sous pluie, ceci malgré la diffusion de progrès technique. On note cependant l'émergence récente d'une agriculture commerciale en zone périurbaine et dans la vallée du fleuve Sénégal.

Les politiques et stratégies agricoles (désengagement de l'État, privatisation et/ou restructuration des entreprises publiques et parapubliques, responsabilisation des agriculteurs, libéralisation des prix et des marchés, décentralisation, incitation à l'investissement privé en milieu rural), définies notamment dans la Lettre de Politique de Développement Agricole (LPDA) et le programme d'Ajustement Sectoriel Agricole (NPA - 1984), n'ont pas permis de réduire la pauvreté et d'enrayer le déficit de la balance commerciale des produits alimentaires.

Aussi, pour améliorer la situation économique du pays, l'État du Sénégal a-t-il pris l'option de faire de l'agriculture un moteur de la croissance de l'économie. L'agriculture constitue en effet la principale activité économique en zone rurale. **Elle contribue de façon croissante à la formation du produit intérieur brut (PIB) et occupe une large part de la population active.** En outre, l'agriculture demeure la principale base d'un développement artisanal et industriel. Aussi, face à l'accroissement démographique et à l'urbanisation croissante, l'augmentation de la production agricole nationale devient-elle une condition nécessaire pour **assurer la sécurité alimentaire du pays.**

En outre, une meilleure prise en compte de l'environnement du commerce international et de son évolution s'avère indispensable afin d'optimiser les possibilités d'accès aux marchés extérieurs. À cet effet, l'option retenue sera de privilégier, dorénavant, le développement de filières d'exportations agricoles répondant à la demande internationale.

Par ailleurs, la nécessité d'assurer de fortes productions agricoles et pastorales, pour s'installer dans la durabilité et permettre d'atteindre les objectifs nationaux en matière de sécurité alimentaire, voire d'assurer la souveraineté alimentaire, doit aller de pair avec une bonne conservation des écosystèmes et des sols. Il est donc indispensable que l'effort de production agricole prenne en considération les dispositions du Code forestier (loi 98-03 du 8 janvier 1998 et décret 98-164 du 20 février 1998), notamment en ce qui concerne les défrichements, la gestion des parcours et les principes de sylviculture.

Dès lors, les orientations du secteur agricole portent sur la création d'un environnement attractif et incitatif en milieu rural qui vise la transformation de l'agriculture familiale en appuyant la promotion de l'exploitation agricole familiale par le passage de systèmes extensifs de production à des systèmes intensifiés, diversifiés, durables et respectueux des ressources naturelles ; elles visent aussi à favoriser l'émergence d'un entreprenariat agricole et rural. Pour ce faire, le développement agro-sylvo-pastoral passe par une stratégie de diversification des productions agricoles, l'augmentation de la productivité et de la compétitivité des exploitations agricoles sur une base durable, avec comme stratégie d'accompagnement, le développement d'une économie non agricole en milieu rural.

Ces orientations prennent en compte la politique d'intégration sous régional au sein de l'UEMOA et de la CEDEAO, **les engagements au sein de l'OMVS et de l'OMVG,** ainsi que les engagements dans le cadre de conventions internationales et les accords commerciaux bilatéraux **et multilatéraux (AGOA initiative canadienne, accords UE/ACP, OMC, etc.),** ainsi que la vision agricole du NEPAD. Ces espaces d'intégration et ces engagements internationaux constituent ainsi le cadre au sein duquel les protections et les aides à l'agriculture sénégalaise sont définies.

La réforme de l'agriculture suppose un engagement de toutes les couches de la société et une volonté politique affirmée de l'État. Elle nécessité en conséquence la définition d'une vision claire du développement agro-sylvo-pastoral et la mise en place d'instruments institutionnels, juridiques et financiers.

Le Sénégal a choisi de mettre en œuvre cette vision à long terme (20ans) en proposant de faire voter à l'Assemblée nationale une loi d'orientation agro-sylvo-pastorale. Cette loi fonde la politique de développement agro-sylvo-pastoral et constitue la base de l'élaboration et de la mise en œuvre de programmes opérationnels tels que le Programme National de Développement Agricole (PNDA), le Plan d'Action Forestier du Sénégal (PAFS) et le Plan National de Développement l'Élevage (PNDE). Elle repose sur les principes directeurs suivants : efficacité économique, équité sociale durabilité libéralisation économique, décentralisation, solidarité et subsidiarité, compétition sous régionale, marché commun agricole au sein de l'UEMOA et de la CEDEAO. Ces principes découlent des objectifs politiques, économiques et sociaux du Gouvernement, contenus dans le Document de Stratégie de Réduction de le Pauvreté (DSRP).

La présente loi a fait l'objet d'une large diffusion auprès des organisations professionnelles agricoles, des organisations non gouvernementales, des élus locaux, des institutions publiques et parapubliques, du secteur privé de la société civile et des partenaires au développement, d'une part, et a également suscité, d'autre part, une large concertation au sein des organisations professionnelles agricoles. Cela a permis de recueillir les commentaires et contributions de l'ensemble des acteurs du développement agro-sylvo-pastoral.

La présente loi est articulée autour de cinq (05) titres et structurée ainsi qu'il suit :

Le Titre I intitulé « Dispositions générales » contient deux chapitres relatifs aux objectifs, priorités et axes de la politique de développement agro-sylvo-pastoral ; le Titre II s'intitule « Métiers, organisations et exploitations agricoles », et regroupe trois chapitres traitant de la reconnaissance formelle des métiers de l'agriculture et des organisations professionnelles agricoles, de la protection sociale des personnes exerçant les métiers de l'agriculture et du statut juridique des exploitations agricoles ; le Titre III s'intéresse aux « Stratégies de développement agro-sylvo-pastoral » et contient huit chapitres relatifs à la réforme foncière, à la diversification, aux filières et à la régulation des marchés, à la sylviculture et aux aménagements forestiers à la politique de développement de l'élevage, à la maîtrise de l'eau, au développement des infrastructures et des services publics en, milieu rural, à la promotion de l'équité sociale et à la protection contre les calamités naturelles et les risques liés aux activités agricoles ; au Titre IV des « Mesures d'accompagnement », la loi traite de l'information agricole, de l'éducation et de la formation aux métiers de l'agriculture, du renforcement des capacités des organisations professionnelles agricoles des organisations de la société civile et des services de l'État, de la recherche et du conseil agro-sylvo-pastoral et du financement du développement agro-sylvo-pastoral.

Au titre V des « Dispositions diverses et finales », la présente loi consacre la création du Conseil Supérieur d'Orientation Agro-Sylvo-Pastorale et annonce la tenue annuelle d'une conférence regroupant l'ensemble des acteurs du monde rural, présidée par le Chef de l'État. Enfin, la présente loi s'inscrit dans le cadre d'un processus itératif associant l'ensemble des acteurs concernés et sera progressivement complétée par d'autres législations et réglementations.

Telle est l'économie du présent projet de Loi.

PROJET DE LOI D'ORIENTATION AGRO-SYLVO-PASTORALE

RÉPUBLIQUE DU SÉNÉGAL
Un Peuple – Un But – Une Foi

Projet de loi d'orientation agro-sylvo-pastorale

TITRE PREMIER

DISPOSITIONS GÉNÉRALES

Chapitre premier : Objectifs et priorités de la politique de développement agro-sylvo-pastoral

Article 1 : La politique conduite par l'État dans le domaine du développent agro-sylvo-pastoral es marqué par le retrait progressif de de l'État et est conformé aux principes de recentrage de ses missions sur des fonctions régaliennes de poursuite de la politique de décentralisation, d'amélioration du cadre et des conditions de vie en milieu rural, ainsi que de création d'un environnement propice aux investissements privés en milieu rural.

<u>Article 2</u> : La présente loi tient compte de l'ensemble des activités économiques en milieu rural (culture, élevage, pêche continentale, sylviculture, cueillette, transformation, commerce et services) ainsi que de leurs fonctions sociales et environnementales. Les politiques développées dans ces différents sous-secteurs participent de la politique de développement agro-sylvo-pastoral dont elles font partie intégrante. La présente loi tient également compte des spécificités régionales et des diversités agro-écologiques du pays.

<u>Article 3</u> : La présente loi et ses textes complémentaires, ainsi que la politique et les programmes de développement agro-sylvo-pastoral qui en découlent, s'inscrivent dans le cadre de la mise en œuvre du Document de Stratégie de Réduction de la Pauvreté (DSRP), des directives de l'UEMOA et de la CEDEAO, des engagements du NEPAD, de la convention UE/ACP, des accords de l'Organisation Mondiale du Commerce et des autres conventions internationales pertinentes auxquelles le Sénégal est partie prenante (**OMVG, OMVS, etc.**).

<u>Article 4</u> : la politique et les programmes de développement (DSRP) sont définis, mis en œuvre et évalués par l'État, en concertation avec les collectivités locales et l'ensemble des acteurs économiques et sociaux concernés.

<u>Article 5</u> : la réduction de la pauvreté est ma principale priorité de la politique de l'État, en particulier dans les zones rurales. L'État s'emploie à assurer à toutes les personnes exerçant les métiers de l'agriculture un niveau de vie leur permettant de faire face durablement à leurs besoins légitimes en matière d'alimentation, de santé, de logement, d'habillement, d'éducation, de formation, et de loisirs. Il œuvre également en vue d'habillement, à moyen terme, un niveau de sécurité alimentaire qui garantisse la souveraineté alimentaire du pays.

Article 6 : Les objectifs spécifiques de la politique de développement agro-sylvo-pastoral sont :

1. la réduction de l'impact des risques climatiques, économiques, environnementaux et sanitaires, par la maîtrise de l'eau, la diversification des productions, la formation des ruraux, afin d'améliorer la sécurité alimentaire de la population, et de réaliser à terme la souveraineté alimentaire de pays ;

2. l'amélioration des revenus et du niveau de vie des populations rurales, et la mise en place d'un régime de protection sociale en leur faveur ;

3. l'amélioration du cadre et des conditions de vie en milieu rural, notamment par l'accès aux infrastructures et aux services publics, grâce à un aménagement équilibré et cohérent du territoire ;

4. La protection de l'environnement et la gestion durable des ressources naturelles **notamment par la connaissance et l'amélioration de la fertilité des sols ;**

5. La mise en place d'un système d'incitation à l'investissement privé dans l'agriculture et en milieu rural ;

6. L'amélioration de l'environnement et de la qualité de la production afin que l'agriculture soit un moteur du développement industriel et artisanal, et pour mieux satisfaire aux besoins des marchés intérieur et extérieur (sous régional et international) ;

La réalisation des objectifs ci-dessous contribue à la réduction des inégalités entre les populations rurales et urbaines et entre les genres, ainsi qu'à la réduction, puis à l'éradication de la pauvreté.

Chapitre 2 :
Axes stratégiques de la politique de développement agro-sylvo-pastoral

Article 7 : Les axes stratégiques de la politique de développement agro-sylvo-pastoral sont basés sur les principes suivants : l'efficacité économique, l'équité sociale, la durabilité environnementale, l'économie de marché, la décentralisation, la responsabilisation des collectivités locales, des organisations professionnelles agricoles et de la société civile, la création d'un marché commun au sein de l'UEMOA et de la CEDEAO, la solidarité le partenariat et la subsidiarité.

Article 8 : Les axes stratégiques de la politique de développement agro-sylvo-pastoral sont :

- La reconnaissance formelle des métiers de l'agriculture et des organisations professionnelles agricoles ;
- La protection sociale des personnes exerçant les métiers de l'agriculture ;
- La définition d'un statut juridique des exploitations agricoles ;
- La réforme foncière ;
- La diversification des productions agricoles, l'intégration des filières agricoles et régulation des marchés ;
- La sylviculture et les aménagements forestiers ;
- La politique de développement de l'élevage ;
- La maîtrise de l'eau ;
- Le développement des infrastructures et des services publics en milieu rural ;
- La promotion de l'équité sociale en milieu rural ;
- La protection contre les calamités naturelles et les risques liés aux activités agro-sylvo-pastorales

- Le développement de l'information agricole, l'éducation et de la formation au profit des métiers de l'agriculture ;
- Le renforcement des capacités des organisations professionnelles agricoles, des organisations de la société civile, des collectivités locales et des services de l'État ;
- Le développement de la recherche et du conseil agro-sylvo-pastoral ;
- Le financement du développement agro-sylvo-pastoral.

TITRE II
MÉTIERS, ORGANISATIONS ET EXPLOITATIONS AGRICOLES

Chapitre 3 :
Statut juridique des métiers de l'agriculture et des organisations professionnelles agricoles

Article 9 : les métiers de l'agriculture au sens large (agriculteurs, éleveurs, exploitants forestiers pécheurs, artisans ruraux, etc.) et les organisations professionnelles agricoles bénéficient d'un statut reconnu et protégé.

Ce statut est conféré de façon identique aux hommes, aux femmes et aux jeunes en âge de travailler qui exercent les métiers de l'agriculture.

Toute personne exerçant un métier de l'agriculture peut bénéficier des mesures définies par la politique et les programmes de développement agro-sylvo-pastoral de l'État.

Les mesures d'application du présent article sont prises par voie réglementaire.

Article 10 : les personnes exerçant les métiers de l'agriculture peuvent se regrouper au sein d'organisations professionnelles agricoles, telles que les fédérations, syndicats, organisations interprofessionnelles, etc. Ces organisations professionnelles agricoles regroupent les personnes physiques et morales qui souhaitent s'unir pour assurer la défense de leurs intérêts communs et la fourniture de services à leurs membres.

Les organisations professionnelles agricoles s'organisent librement, soit sur une base géographique, au niveau local, régional, national et éventuellement sous-régional, soit en fonction de leurs productions, filières et services.

Les organisations professionnelles agricoles peuvent aussi déployer des activités de partenariat avec leurs homologues de la sous-région et au niveau international.

Article 11 : Des mécanismes de concertation avec les organisations professionnelles agricoles sont mis en place par chaque démembrement de l'État directement concerné par la politique de développement agro-sylvo-pastoral.

Article 12 : L'Etat en concertation avec les acteurs du développement agro-sylvo-pastoral, réalise une évaluation de l'ensemble des statuts juridiques des organisations professionnelles agricoles et procède aux adaptations nécessaires à

Leur amélioration, dans un délai de deux ans à compter de la promulgation de la présente loi.

Article 13 : l'État, en concertation avec les acteurs du développement agro-sylvo-pastoral, créé, conformément à la loi des finances, un système d'aide publique aux organisations professionnelles agricoles, tel que prévu à l'article 72, dans un délai de deux ans à compter de la promulgation de la présente loi.

L'accès au système d'aide publique est subordonné au respect des règlements et statuts régissant les organisations concernées.

Chapitre 4 :

Protection sociale des personnes exerçant les métiers de l'agriculture

Article 14 : Les personnes exerçant les métiers de l'agriculture bénéficient d'une protection sociale au même titre que les travailleurs des autres secteurs d'activité.

Un régime de protection sociale agro-sylvo-pastorale est défini et mis en œuvre.

Ce régime est soutenu par l'État pendant les cinq premières années qui suivent le début de son fonctionnement.

Article 15 : L'État, en concertation avec les organisations professionnelles agricoles, établit un plan de mise en œuvre d'un régime de protection sociale agro-sylvo-pastorale dans un délai de deux ans à compter de la promulgation de la présente loi.

Chapitre 5 :

Statut juridique des exploitations agricoles

Article 16 : L'exploitation agricole est définie comme une unité disposant de facteurs de production (terre, bâtiments, cheptel, matériels, main-d'œuvre, etc.) qui sont utilisés par un exploitant exerçant un métier de l'agriculture.

Les activités de production agricole constituent une ou plusieurs étapes nécessaires au déroulement d'un cycle biologique végétal ou animal, et correspondant à la maîtrise et à l'exploitation de ce cycle.

Les activités exercées dans le prolongement de la production agricole, telles que la transformation, le conditionnement, la conservation, le stockage et la vente des produits provenant de l'exploitation, sont considérées comme agricoles aux termes de la présente loi.

Les activités ayant pour support l'exploitation agricole, telles que l'artisanat, le tourisme rural, le commerce des services, etc., sont considérées comme complémentaires aux activités agricoles.

Article 17 : Outre sa fonction économique, l'exploitation agricole contribue à la gestion des ressources naturelles, à la protection de l'environnement et à l'aménagement équilibré et cohérent du territoire.

L'État met en place, dans un délai de trois ans à compter de la promulgation de la présente loi, un système d'aides financières pour les exploitations agricoles et les groupements de producteurs qui s'engagent contractuellement à réaliser des actions de gestions de gestion durable des ressources naturelles, notamment pour la défense et la restauration des sols, le reboisement la lutte contre les feux de brousse, les aménagements antiérosifs, tel que prévu à l'article 73.

Article 18 : L'exploitation agricole familiale est une unité de production agricole organisée sur une base familiale, au sein de laquelle les rapports entre personnes sont définis librement et ne sont pas régis par le Code du travail. La main-d'œuvre non familiale employée par l'exploitation agricole familiale est régie par une convention qui sera élaborée conjointement par l'État et les organisations professionnelles agricoles dans un délai

L'exploitation agricole peut être gérée de façon individuelle ou communautaire, par des personnes ou des familles vivant dans le même lieu, dont les rapports ne sont pas régis par le Code du travail.

Article 19 : L'exploitation agricole industrielle et commerciale est une unité de production agricole, de droit public ou privé, **gérée à titre individuel ou par une société à capitaux,** qui a recours à une main d'œuvre rémunérée régie par le Code du travail et les conventions collectives en vigueur.

Article 20 : Les exploitations agricoles familiales, industrielles et commerciales doivent, à terme, moderniser leurs outils de production, mettre en œuvre des pratiques agricoles et d'élevage améliorées et utiliser des techniques de gestion modernes pour être compétitives.

Article 21 : L'État, en concertation avec les acteurs du développement agro-sylvo-pastoral, réalise une évaluation de l'ensemble des statuts juridiques des exploitations agricoles et procède à leur adaptation, compte tenu des besoins de modernisation de l'agriculture, dans un délai de deux ans à compter de la promulgation de la présente loi.

TITRE III : STRATÉGIE DE DÉVELOPPEMENT AGRO-SYLVO-PASTORAL

Chapitre 6 : Réforme foncière

Article 22 : La définition d'une politique foncière et la réforme de la loi sur le domaine national constituent des leviers indispensables pour le développement agro-sylvo-pastoral et pour la modernisation de l'agriculture.

La politique foncière repose sur les principes suivants : la protection des droits d'exploitation des acteurs ruraux et des droits fonciers des communautés rurales, la cessibilité encadrée de la terre pour permettre une mobilité foncière favorisant la création d'exploitation plus viable, la transmissibilité successorale des terres pour encourager l'investissement durable dans l'exploitation familiale, l'utilisation de la terre comme garantie pour l'obtention du crédit.

La réforme foncière a pour objets : la sécurité foncière des exploitations agricoles, des personnes et des communautés rurales, l'incitation à l'investissement privé dans l'agriculture, la dotation à l'État et aux collectivités locales de ressources financières suffisantes ainsi que la mise à leur disposition de personnels compétents, pour une gestion efficace, équitable et durable des ressources naturelles et l'allègement des contraintes foncières au développement agricole, rural, urbain et industriel.

Article 23 : Une nouvelle politique foncière sera définie et une loi de réforme foncière sera soumise à l'Assemblée nationale dans un délai de deux ans à compter de la promulgation de la présente loi.

Chapitre 7 :
Diversification, filières et régulation des marchés

Article 24 : La diversification des productions agricoles constitue un puissant levier dans l'amélioration des revenus des ruraux et de la sécurité alimentaire du pays

En outre, elle devra permettre le développement de filières d'exportations correspondant à la demande internationale, d'une part, et répondant aux besoins pressants de substitution aux importations de produits alimentaires, d'une part.

L'État, en concertation avec les organisations professionnelles agricoles, définit et met en œuvre un Plan national de diversification des productions agricoles.

Ce Plan a pour objet de déterminer les productions adaptées aux conditions naturelles du Sénégal et susceptibles de bénéficier des débouchés tant à l'échelon national qu'international. Il déterminer les conditions à réunir pour développer de nouvelles productions sur le territoire national.

Article 25 : Les groupements d'organisations professionnelles représentatives de la production agricole, de la transformation et de la commercialisation de produits agricoles, peuvent faire l'objet d'une reconnaissance en qualité d'organisations interprofessionnelles agricoles par l'autorité administrative compétente, après avis du Conseil Supérieur d'Orientation agro-sylvo-pastorale visé à l'article 75, soit au niveau national, soit au niveau d'une zone de production, par produit ou groupe de produits déterminés.

Une seule organisation interprofessionnelle agricole peut être reconnue par produit ou groupe de produits

Lorsqu'une organisation interprofessionnelle agricole nationale est reconnue, les organisations interprofessionnelles agricoles régionales qui en relèvent constituent des comités de cette organisation et sont représentées en son sein.

Les conditions de reconnaissance et les modalités de fonctionnement des organisations interprofessionnelles agricoles, à l'échelon national et régional, sont fixées par voie réglementaire.

Article 26 : Les accords conclus dans le cadre d'une organisation interprofessionnelle agricole reconnue peuvent être étendus, pour une durée déterminée, en tout ou partie, par l'autorité administrative compétente, lorsqu'ils tendent par des actions conformes à la politique de développement agro-sylvo-pastoral et compatible avec les règles de l'UEMOA et de la CEDEAO, à favoriser :

- la connaissance de l'offre et de la demande ;
- l'adaptation et la régularisation de l'offre ;
- la mise en œuvre, sous le contrôle de l'État, de règles de mise en marché, de prix et de conditions de paiement ;
- la qualité des produits ;

- les relations interprofessionnelles dans le secteur intéressé, notamment par l'établissement de normes techniques et de programmes de recherche appliquée et de développement ;
- a promotion des produits agricoles sur les marchés intérieur et extérieur.

Article 27 : L'extension des accords visés à l'article 26 est subordonnée à l'acceptation desdits accords par les professeurs représentés dans l'organisation interprofessionnelle agricole, par décision de l'organe exécutif de celle-ci.

Lorsque l'extension est décidée, les mesures arrêtées sont obligatoires dans la zone de production intéressée pour tous les membres des professions représentées dans l'organisation professionnelle agricole concernée.

Article 28 : qu'elles regroupent, des cotisations résultant des accords étendus conformément à l'article précédent et qui, nonobstant des accords étendus conformément à l'article précédent e qui, nonobstant leur caractère obligatoire, demeurent des créances de droit privé.

Article 29 : Les organisations interprofessionnelles agricoles existant à la date de promulgation de la présente loi peuvent, à leur demande, bénéficier des dispositions des articles 25 à 28.

Article 30 : Une concertation régulière entre l'État et l'Interprofession agricole est favorisée et développée pour coordonner les actions des différentes filières dans la mise en œuvre de la politique de la politique de développement agro-sylvo-pastoral.

Article 31 : Les marchés hebdomadaires jouent un rôle fondamental dans la commercialisation des produits agricoles et alimentaires. L'État et les collectivités locales définissent et mettent en œuvre une politique de modernisation de ces marchés et développent un système d'information sur les marchés, dans un délai de dix ans à compter de la promulgation de la présente loi.

Article 32 : Un louma national est créé dans la périphérie de Dakar, au plus tard dans un délai de cinq ans à compter de la promulgation de la présente loi. Son implantation est convenue par l'État et les collectivités locales concernées.

Article 33 : Les marchés hebdomadaires d'importance régionale et le Louma National ont pour fonction d'assurer la transparence des marchés des produits agricoles et d'élevage, le contrôle de la qualité des produits commercialisés, ainsi que la collecte et la diffusion d'informations sur les volumes et les flux des transactions et sur les prix pratiqués.

Article 34 : Le contrôle de qualité des produits d'origine végétale et animale est renforcé afin d'améliorer la sécurité sanitaire des aliments et de promouvoir l'exportation de ces produits.

Article 35 : L'État assure la cohérence et l'harmonisation des dispositions prises au niveau national et avec celles adoptées par l'UEMOA et la CEDEAO ne ce qui concerne notamment les normes de production et de mise en consommation, les dispositifs de contrôle et le système d'information sur les marchés agricoles.

Article 36 : Chaque fois que nécessaire, l'État prend des mesures de protection ou accorde des subventions pour réduire ou supprimer les distorsions dans les échanges économiques extérieurs, au sein de l'UEMOA et de la CEDEAO, dans le respect des accords de l'Organisation Mondiale du Commerce.

Dans le cadre des négociations commerciales multilatérales et bilatérales, l'État œuvre à la suppression des pratiques déloyales dans les échanges commerciaux.

Chapitre 8 :
Sylviculture et aménagements forestiers

Article 37 : La sylviculture concerne l'ensemble des opérations de production forestière allant du reboisement à l'exploitation, en passant par diverses pratiques sylvicoles comme les élagages, la protection contre les feux, les coupes sanitaires et les éclaircies, etc.

La sylviculture permet une mise en valeur économique, écologique et sociale du domaine forestier et a des objectifs variés comme : la ligniculture ou production de bois, les aménagements paysagers, l'agroforesterie, la gestion de la faune et des parcours, la protection des sols et des bassins versants, etc.

Article 38 : La gestion des ressources sylvicoles obéit à la mise en œuvre d'un plan d'aménagement, consistant en une programmation des activités sylvicoles dans l'espace et dans le temps pour la réalisation du maximum de profit visé par l'objectif.

Lorsque la réalisation du plan d'aménagement aboutit à une exploitation forestière, elle doit se faire conformément aux dispositions du Code forestier.

Cette exploitation est interdite pour les fruits forestiers non susceptibles d'arriver à maturité qui ne peuvent être ni collectés, ni transportés, ni stockées ou vendus.

TABLE DES MATIÈRES

Structures éditoriales du groupe L'Harmattan

L'Harmattan Italie
Via degli Artisti, 15
10124 Torino
harmattan.italia@gmail.com

L'Harmattan Hongrie
Kossuth l. u. 14-16.
1053 Budapest
harmattan@harmattan.hu

L'Harmattan Sénégal
10 VDN en face Mermoz
BP 45034 Dakar-Fann
senharmattan@gmail.com

L'Harmattan Cameroun
TSINGA/FECAFOOT
BP 11486 Yaoundé
inkoukam@gmail.com

L'Harmattan Burkina Faso
Achille Somé – tengnule@hotmail.fr

L'Harmattan Guinée
Almamya, rue KA 028 OKB Agency
BP 3470 Conakry
harmattanguinee@yahoo.fr

L'Harmattan RDC
185, avenue Nyangwe
Commune de Lingwala – Kinshasa
matangilamusadila@yahoo.fr

L'Harmattan Congo
67, boulevard Denis-Sassou-N'Guesso
BP 2874 Brazzaville
harmattan.congo@yahoo.fr

L'Harmattan Mali
ACI 2000 - Immeuble Mgr Jean Marie Cisse
Bureau 10
BP 145 Bamako-Mali
mali@harmattan.fr

L'Harmattan Togo
Djidjole – Lomé
Maison Amela
face EPP BATOME
ddamela@aol.com

L'Harmattan Côte d'Ivoire
Résidence Karl – Cité des Arts
Abidjan-Cocody
03 BP 1588 Abidjan
espace_harmattan.ci@hotmail.fr

Nos librairies en France

Librairie internationale
16, rue des Écoles
75005 Paris
librairie.internationale@harmattan.fr
01 40 46 79 11
www.librairieharmattan.com

Librairie des savoirs
21, rue des Écoles
75005 Paris
librairie.sh@harmattan.fr
01 46 34 13 71
www.librairieharmattansh.com

Librairie Le Lucernaire
53, rue Notre-Dame-des-Champs
75006 Paris
librairie@lucernaire.fr
01 42 22 67 13

www.ingramcontent.com/pod-product-compliance
Lightning Source LLC
LaVergne TN
LVHW010921051026
849532LV00003B/791